Découvrez des Jeux Gratuits en Ligne

Disponible Ici :

BestActivityBooks.com/FREEGAMES

5 ASTUCES POUR DÉMARRER !

1) COMMENT RÉSOUDRE LES MOTS MÊLÉS

Les puzzles sont dans un format classique :

- Les mots sont cachés sans espaces, tirets, ...
- Orientation : Les mots peuvent être écrits en avant, en arrière, vers le haut, vers le bas ou en diagonale (ils peuvent être inversés).
- Les mots peuvent se chevaucher ou se croiser.

2) UN APPRENTISSAGE ACTIF

Un espace est prévu à côté de chaque mots pour noter la traduction. Pour favoriser un apprentissage actif un **DICTIONNAIRE** à la fin de cette édition vous permettra de vérifier et étendre vos connaissances. Cherchez et notez les traductions, trouvez-les dans le Puzzle et ajoutez-les à votre vocabulaire !

3) MARQUEZ LES MOTS

Vous pouvez inventer votre propre système de marquage. Peut-être en utilisez-vous déjà un ? Sinon, vous pourriez, par exemple, marquer les mots qui ont été difficiles à trouver d'une croix, ceux que vous avez aimés d'une étoile, les mots nouveaux d'un triangle, les mots rares d'un diamant, etc...

4) STRUCTUREZ VOTRE APPRENTISSAGE

Cette édition vous offre un **CARNET DE NOTES** très pratique à la fin du livre. En vacances ou en voyage ou à la maison, vous pouvez facilement organiser vos nouvelles connaissances sans avoir besoin d'un second bloc-notes !

5) VOUS AVEZ FINI TOUTES LES GRILLES ?

Allez à la section bonus **CHALLENGE FINAL** pour trouver un jeu gratuit à la fin de cette édition !

Simple et Rapide ! Découvrez notre collection de livres d'activités pour votre prochain moment de détente et **d'apprentissage**, à juste un clic de distance !

Trouvez votre prochain défi sur :

BestActivityBooks.com/MonProchainLivre

À vos marques, prêts... Partez !

Saviez-vous qu'il existe environ 7 000 langues différentes dans le monde ? Les mots sont précieux.

Nous aimons les langues et avons travaillé dur pour créer les livres de la plus haute qualité pour vous. Nos ingrédients ?

Une sélection des thématiques d'apprentissage adaptée, trois belles parts de divertissement, puis nous ajoutons une cuillère de mots difficiles et une pincée de mots rares. Nous les servons avec soin et un maximum de plaisir pour vous permettre de résoudre les meilleurs jeux de mots mêlés qui soient et d'apprendre en vous amusant !

Votre avis est essentiel. Vous pouvez participer activement au succès de ce livre en nous laissant un commentaire. Nous aimerions vraiment savoir ce que vous avez préféré dans cette édition !

Voici un lien rapide qui vous mènera à la page d'évaluation de vos commandes :

BestBooksActivity.com/Avis50

Merci pour votre aide et amusez-vous bien !

De la part de toute l'équipe

1 - Été

Е	Ц	Ц	Ы	Ъ	Ж	Ж	С	Ч	П	П	Р	Г	Ш
Л	Д	Н	Ц	Щ	А	Т	А	Е	Ч	Л	Е	Ц	С
Ш	Л	А	П	Щ	Ь	Л	Н	Е	Е	А	Л	М	А
Е	Ш	Б	Н	Ш	Х	К	Д	Ю	Ш	В	А	У	Д
С	Ь	Е	М	С	А	С	А	Н	А	А	К	З	М
Ю	Х	М	А	Ь	Р	П	Л	Я	Ж	Т	С	Ы	В
Д	Р	У	З	Ь	Я	А	И	Д	Ь	Ь	А	К	Б
Н	П	Ф	К	Е	М	П	И	Н	Г	Х	Ц	А	Х
О	Ы	Ж	С	Е	М	Ь	Я	В	К	Н	И	Г	И
Т	Ж	Р	А	Д	О	С	Т	Ь	А	Г	Я	Д	Г
П	Г	Н	Я	Е	Р	Ж	Ф	Ф	Н	И	О	Р
У	В	Я	Ш	Н	Е	В	Х	Т	О	Ш	Н	С	Ы
С	Г	В	Е	О	И	К	Ш	Е	Ч	М	О	У	Ы
К	Г	Ф	Г	З	В	Е	З	Д	Ы	У	Е	Г	Ю

ДРУЗЬЯ	МОРЕ
КЕМПИНГ	МУЗЫКА
ЗВЕЗДЫ	ПЛАВАТЬ
СЕМЬЯ	ЕДА
САД	ПЛЯЖ
ИГРЫ	НЫРЯНИЕ
РАДОСТЬ	РЕЛАКСАЦИЯ
КНИГИ	САНДАЛИИ
ДОСУГ	ОТПУСК

2 - Adjectifs #2

Ж	Д	А	У	Т	Е	Н	Т	И	Ч	Н	Ы	Й	З
Е	Д	Ф	Ъ	У	В	Г	С	У	Х	О	Й	И	Д
М	М	Ц	Б	Н	Х	О	Н	С	Ю	В	О	Б	О
О	О	Н	Т	Д	Т	Р	Р	Р	Ы	Ы	И	Щ	Р
Э	Н	Щ	П	Щ	Ц	Д	Ъ	Ч	Х	Й	Ь	Е	О
К	Л	М	Н	М	Ц	Ы	Ш	У	Е	Щ	Ж	Т	В
Н	Ж	Е	В	Ы	Ч	Й	Ъ	Е	Я	С	У	Н	Ы
А	Л	Х	Г	Ч	Й	А	И	П	Д	И	К	И	Й
Е	Р	Е	И	А	С	О	Л	Е	Н	Ы	Й	И	Ъ
Б	И	Ц	Ь	Щ	Н	Р	Ч	И	С	Т	Ы	Й	Й
Ч	Д	Р	А	М	А	Т	И	Ч	Е	С	К	И	Й
Е	Р	А	С	И	Л	Ь	Н	Ы	Й	Ь	Ь	Ъ	С
И	Н	Т	Е	Р	Е	С	Н	Ы	Й	Х	Х	Я	О
И	З	В	Е	С	Т	Н	Ы	Й	Й	К	Ч	Ф	Х

AУТЕНТИЧНЫЙ
ИЗВЕСТНЫЙ
ТВОРЧЕСКИЙ
ДРАМАТИЧЕСКИЙ
ЭЛЕГАНТНЫЙ
ГОРДЫЙ
СИЛЬНЫЙ
ИНТЕРЕСНЫЙ

НОВЫЙ
МОЩНЫЙ
ЧИСТЫЙ
ЗДОРОВЫЙ
СОЛЕНЫЙ
ДИКИЙ
СУХОЙ

3 - Formes

Ч	Н	Ш	Ж	У	П	Ц	Х	Ь	Ш	Ъ	П	С	М
Ж	К	Р	У	Г	И	Л	Д	С	Ф	Е	Р	А	О
Ш	Ч	Ъ	Ж	О	Р	И	О	Ы	М	Ь	И	Г	В
А	Г	Л	Р	Л	А	Н	Г	Щ	Ф	Ф	З	П	А
Ц	Я	Л	В	С	М	И	Р	Д	А	Д	М	Ш	Л
И	З	Г	И	Б	И	Я	Р	Ж	Ф	Д	А	Ч	Ь
Л	У	Р	Ц	Е	Д	Ю	Е	Ч	Ч	У	Ь	К	Н
И	Д	Ь	Ф	В	А	Ь	Я	П	У	Г	Э	Р	Ы
Н	Г	И	П	Е	Р	Б	О	Л	А	А	Л	А	Й
Д	К	К	Р	П	О	Л	И	Г	О	Н	Л	Я	О
Р	Т	О	У	Щ	К	К	Ч	Л	Ш	Р	И	Г	В
Ф	О	О	Н	Б	Х	А	С	Ш	Щ	Ю	П	Т	Б
П	Щ	Щ	М	У	Ю	С	Ъ	Я	И	Б	С	С	Л
С	Ш	Ч	Р	П	С	С	Т	О	Р	О	Н	А	Б

ДУГА	ЦИЛИНДР
КРАЯ	ЭЛЛИПС
ПЛОЩАДЬ	ГИПЕРБОЛА
КРУГ	ЛИНИЯ
УГОЛ	ОВАЛЬНЫЙ
ИЗГИБ	ПОЛИГОН
КОНУС	ПРИЗМА
СТОРОНА	ПИРАМИДА
КУБ	СФЕРА

4 - Salle de Bains

```
К Ж Ч Б Д П У З Ы Р И У Р Ц
Г Д Г Ю У У П Ц Е О М Д Б Ъ
У Х Ч О Ш Щ Х Т Ь Р Ы Ь Д О
Б В А Н Н А Р И Ч Ш К Р А Н
К Ш А М П У Н Ь Ю Т Н А В Х
А Ч И С М М К Т Ш У О И Л П
Д Б Ъ Щ Ч Ф Ы Л Ъ А Ж Ж Г О
Ъ С С К К Ь Б Л О Л Н П Г Л
Ш О Л О С Ь О Н О Е И А Д О
Л Х Д В О Д А Ш Х Т Ц Р П Т
Ю Ш С Р В Б Л Ф Щ Г Ы Ь Б Е
С Л Т И Р Е Н Щ П Г Р О В Н
Я Ч П К Г И Ф Ч Ъ О Я Г О Ц
С Р Ж К Л Г П Ш И Ы Л Ц Л Е
```

ВАННА	ДУХИ
ПУЗЫРИ	КРАН
НОЖНИЦЫ	МЫЛО
ДУШ	ПОЛОТЕНЦЕ
ВОДА	ШАМПУНЬ
ГУБКА	КОВРИК
ЛОСЬОН	ТУАЛЕТ
ЗЕРКАЛО	ПАР

5 - Adjectifs #1

```
Ц Х Б О Л Ь Ш О Й Ы Ч Т Ш Т
У А М Б И Ц И О З Н Ы Й Б О
Ш Р Л Т Л Ю Е Г П Ч Л Я И Н
Щ Е Д Р Ы Й Ш Р К С Х Ч Ц К
В К Ь Т П Ц М О Л О Д О Й И
Ч А Ь В У Ц Р М У В Х Т В Й
Е Ш Ж Н Д Г П Н Щ Р Е Г Н Н
С М А Н И Б Ш Ы М Е К Н Ъ Е
Т Ш С Х Ы Р Б Й О М Л К А В
Н М Ц М К Й Т Я Ж Е Л Ы Й И
Ы К Р А С И В Ы Й Н Б Х А Н
Й А К Т И В Н Ы Й Н П Ь Ш Н
С О В Е Р Ш Е Н Н Ы Й Ч М Ы
А Б С О Л Ю Т Н Ы Й Ю Р Ч Й
```

АБСОЛЮТНЫЙ	ВАЖНЫЙ
АКТИВНЫЙ	НЕВИННЫЙ
АМБИЦИОЗНЫЙ	МОЛОДОЙ
КРАСИВЫЙ	ТЯЖЕЛЫЙ
ОГРОМНЫЙ	ТОНКИЙ
ЩЕДРЫЙ	СОВРЕМЕННЫЙ
БОЛЬШОЙ	СОВЕРШЕННЫЙ
ЧЕСТНЫЙ	

6 - Instruments de Musique

```
Г И Т А Р А С А К С О Ф О Н
Г А Р М О Н И К А Д Г У Х Ц
М А Н Д О Л И Н А Ц Р Г Х Ц
К Ф Р Г Р О В У П Я Ю Ц П Л
Ь А П Ф Х Ж И К И Ц М О М Е
Т Г Г Е А С Р Б А Р А Б А Н
Р О А О Р Ч А Ю Н Ъ Е У Т Ф
У Т Д Д Н К Щ Д И А О Б Р Л
Б Г Ы Ж Ь Г У Н Н Ц Е Е О Е
А О Я Ы Ы Т Ж С О В Ю Н М Й
К Б А Н Д Ж О Н С Ъ Ь Ь Б Т
П О С К Р И П К А И А Е О А
Ю Й М А Р И М Б А Д Я М Н Л
К Л А Р Н Е Т Ф Т Ф Ц М Ь Л
```

БАНДЖО	МАРИМБА
ФАГОТ	ПЕРКУССИЯ
КЛАРНЕТ	ПИАНИНО
ФЛЕЙТА	САКСОФОН
ГОНГ	БАРАБАН
ГИТАРА	БУБЕН
ГАРМОНИКА	ТРОМБОН
АРФА	ТРУБА
ГОБОЙ	СКРИПКА
МАНДОЛИНА	

7 - Échecs

Т	О	П	П	О	Н	Е	Н	Т	О	Ч	К	И	Т
У	Д	И	А	Г	О	Н	А	Л	Ь	Р	К	Н	Ч
Р	У	Е	Ш	С	Щ	Г	Ъ	Д	Р	Ф	О	Т	Е
Н	Х	У	Ф	Ю	С	Ч	Ю	Ъ	Ф	В	А	Е	Р
И	Х	И	Г	Р	А	И	П	Ж	Ш	В	Ф	Щ	Н
Р	Ь	Г	Д	Б	Х	А	В	Р	Е	М	Я	К	Ы
Ж	Е	Р	Т	В	А	Ю	Я	Н	Б	Е	Л	Ы	Й
Ч	К	О	Р	О	Л	Е	В	А	Ы	М	И	П	Г
Е	О	К	А	А	К	Д	Е	Н	Ф	Й	И	Р	В
М	Н	О	П	Р	О	Б	Л	Е	М	Ы	Ю	А	Е
П	К	Р	С	Т	Р	А	Т	Е	Г	И	Я	В	Т
И	У	О	Ш	Б	Ш	Ш	О	С	Т	У	К	И	Ь
О	Р	Л	Ц	У	М	Н	Ы	Й	Б	Н	Г	Л	Ъ
Н	С	Ь	Н	А	Ъ	Х	Ц	Ц	М	Ь	Д	А	У

ОППОНЕНТ ПАССИВНЫЙ
БЕЛЫЙ ТОЧКИ
ЧЕМПИОН КОРОЛЕВА
КОНКУРС ПРАВИЛА
ПРОБЛЕМЫ КОРОЛЬ
ДИАГОНАЛЬ ЖЕРТВА
УМНЫЙ СТРАТЕГИЯ
ИГРА ВРЕМЯ
ИГРОК ТУРНИР
ЧЕРНЫЙ

8 - Herboristerie

А	Р	О	М	А	Т	И	Ч	Е	С	К	И	Й	К
Ф	О	З	М	Ф	Ц	Ф	Щ	Ю	А	У	О	И	У
Е	З	Е	А	Щ	В	Е	П	Ф	Д	Ъ	Д	Н	Л
Н	М	Л	Й	В	Е	Ч	Е	С	Н	О	К	Г	И
Х	А	Е	О	К	Т	К	Т	Б	Ж	М	В	Р	Н
Е	Р	Н	Р	У	О	А	Р	Ю	Ф	Х	Ы	Е	А
Л	И	Ы	А	С	К	Ч	У	Ц	Л	П	Г	Д	Р
Ь	Н	Й	Н	М	Ф	Е	Ш	Е	А	С	О	И	Н
Р	Ф	Х	В	Ч	Я	С	К	Т	В	Ж	Д	Е	Ы
Ш	А	Ф	Р	А	Н	Т	А	И	А	М	Н	Н	Й
Ц	Н	Ь	К	Я	И	В	А	М	Н	Я	Ы	Т	К
Э	С	Т	Р	А	Г	О	Н	Ь	Д	Ч	Й	Л	Л
Б	А	З	И	Л	И	К	С	Я	А	Ч	М	Ж	Е
Я	У	Б	И	С	Ф	Ц	К	Н	Ь	Т	Ц	К	Т

ЧЕСНОК
АРОМАТИЧЕСКИЙ
БАЗИЛИК
ВЫГОДНЫЙ
КУЛИНАРНЫЙ
ЭСТРАГОН
ФЕНХЕЛЬ
ЦВЕТОК
ИНГРЕДИЕНТ
САД

ЛАВАНДА
МАЙОРАН
МЯТА
ПЕТРУШКА
КАЧЕСТВО
РОЗМАРИН
ШАФРАН
ВКУС
ТИМЬЯН
ЗЕЛЕНЫЙ

9 - Véhicules

Ю	И	Е	М	Ж	Р	М	Ж	П	Ж	Щ	И	У	Ч
А	В	Т	О	М	О	Б	И	Л	Ь	Ы	Д	О	Ш
Р	М	Е	Т	Р	О	Ь	Р	Л	Я	Ф	Ч	Ч	Ъ
А	Х	С	Ь	К	П	О	К	Т	П	А	Г	Е	Л
К	Е	С	Ч	Н	Ф	Е	П	А	Р	О	М	Л	О
Е	С	Ю	А	Ъ	А	Ц	Ф	У	Р	Г	О	Н	Д
Т	Т	К	Ф	М	О	Т	О	Р	Р	А	Ю	О	К
А	Р	В	Е	Л	О	С	И	П	Е	Д	В	К	А
В	Т	А	К	С	И	Л	П	Л	О	Т	А	А	И
Т	Ш	М	К	Ц	М	Ф	Е	П	О	Е	З	Д	Н
О	И	Ц	Л	Т	В	Е	Р	Т	О	Л	Е	Т	П
Б	Н	Е	О	Л	О	С	К	У	Т	Е	Р	Г	Ъ
У	Ы	Р	Ф	Е	Г	Р	У	З	О	В	И	К	Н
С	П	Ц	Л	Е	Ч	Л	Н	О	Я	К	К	Ф	И

САМОЛЕТ
ЛОДКА
АВТОБУС
ГРУЗОВИК
КАРАВАН
ПАРОМ
РАКЕТА
ВЕРТОЛЕТ
МЕТРО
МОТОР

ЧЕЛНОК
ШИНЫ
ПЛОТ
СКУТЕР
ТАКСИ
ТРАКТОР
ПОЕЗД
ФУРГОН
ВЕЛОСИПЕД
АВТОМОБИЛЬ

10 - Camping

```
П А Л А Т К А Л Ц М Ф Л В Ь
О Б О Р У Д О В А Н И Е Е Ъ
Т Ю П Р И К Л Ю Ч Е Н И Е С
Я Ю Щ Л Ж Д У В Н М А О Н С
О Х О Т А Е Н Е Ц В С Я Ь Ы
М Ц Ы Г О Р А Р Т У Е И Л Ж
Ы А Р Щ Ш Е Г Е С Щ К Д Ъ И
Ш Л Я П А В А В О Г О Н Ь В
Ш Ь Ф М Ц Ь М К Щ Л М В М О
К А Р Т А Я А А А О А О Б Я Т
Ц А К Ч Е П К Х Г З Е Я Ы Н
Ч М Н Ф О Н А Р Ь Г Е Щ С Ы
Г Ы К О М П А С Ч А Е Р С Е
Н К Ч Г Э П Р И Р О Д А О Н
```

ЖИВОТНЫЕ	ОГОНЬ
ДЕРЕВЬЯ	ЛЕС
ПРИКЛЮЧЕНИЕ	ГАМАК
КОМПАС	НАСЕКОМОЕ
КАНОЭ	ОЗЕРО
КАРТА	ФОНАРЬ
ШЛЯПА	ЛУНА
ОХОТА	ГОРА
ВЕРЕВКА	ПРИРОДА
ОБОРУДОВАНИЕ	ПАЛАТКА

11 - Écologie

```
Ь Ч Ф Д Г Ш К Г П И З Б У Ы
Щ Ф Н Щ С С Ж Л Р Д А Ч Ц И
П Л Х В О Б У О И Е С У Ш Б
М О Р С К О Й Б Р С У К К Р
Ш Р А Ж Л Л И А О Т Х Х С Е
Р А Ц Ф И О Ю Л Д Е А Т О С
Л Я П О М Т Ж Ь А С Г Ю О У
Р Я Ш К А О А Н Т Т И Ж Б Р
Г О Р Ы Т Т Ь Ы Х В И Д Щ С
Ш Щ Б Х К И Ю Й Г Е И Р Е Ы
Р А С Т Е Н И Я А Н У О С Ь
В О Л О Н Т Е Р Ы Н Ъ Г Т О
С М П Г Ф А У Н А Ы С Ф В Ь
В Ы Ж И В А Н И Е Й Р Ы А Ъ
```

ВОЛОНТЕРЫ	МОРСКОЙ
КЛИМАТ	ГОРЫ
СООБЩЕСТВА	ПРИРОДА
ВИД	ЕСТЕСТВЕННЫЙ
ФАУНА	РАСТЕНИЯ
ФЛОРА	РЕСУРСЫ
ГЛОБАЛЬНЫЙ	ЗАСУХА
БОЛОТО	ВЫЖИВАНИЕ

12 - Astronomie

```
А Ю Ц Р Ъ Я Н Щ К И З С А Г
С С Л З А Т М Е Н И Е О Ч А
Т Я Т Н Ш К Н К И Щ М Л Ц Л
Е Д У Р Ш Г Е Ц Р Ф Л Н У А
Р С М Ю О Г Х Т Ю Ч Я Е Л К
О Т А О Б Н Е Т А Ю У Ч У Т
И О Н Г П Л А Н Е Т А Н Н И
Д Р Н Е Б О Ъ В Ч Ы Б Ы А К
Б Е О К Ы Ю Л Я Т Ю Ж Й И А
О Б С Е Р В А Т О Р И Я Д И
О Г Т В И С О З В Е З Д И Е
Щ Ш Ь К О С М О С О Д Ъ Щ Я
Ь Н А Ь М Е Т Е О Р С Ц Л А
В Щ Ь Я Н Ц А С Т Р О Н О М
```

АСТЕРОИД	ГАЛАКТИКА
АСТРОНАВТ	ЛУНА
АСТРОНОМ	МЕТЕОР
НЕБО	ТУМАННОСТЬ
СОЗВЕЗДИЕ	ОБСЕРВАТОРИЯ
КОСМОС	ПЛАНЕТА
ЗАТМЕНИЕ	СОЛНЕЧНЫЙ
РАКЕТА	ЗЕМЛЯ

13 - Types de Cheveux

Б	Е	Л	Ы	Й	Д	Ь	Я	Н	Я	Л	Ч	С	К
Т	Л	Р	К	Ц	В	Е	Т	Н	О	Й	У	Ж	М
К	Ъ	Е	О	Н	Т	М	П	Ц	У	Ъ	Л	Н	Ш
К	О	Е	С	У	Х	О	Й	С	Е	Р	Ы	Й	С
У	У	Р	Ы	Т	О	Л	С	Т	Ы	Й	С	К	Е
А	Т	Д	И	М	Я	Г	К	И	Й	Т	Ы	О	Р
И	Б	Ы	Р	Ч	Р	Щ	Ц	Ф	Щ	О	Й	Р	Е
Ы	Г	Т	Е	Я	Н	У	И	О	Е	Н	Б	О	Б
К	У	Д	Р	И	В	Е	И	Й	Ю	К	Л	Т	Р
Ч	Е	Р	Н	Ы	Й	Ы	В	Г	Х	И	О	К	О
П	Л	Е	Т	Е	Н	Ы	Й	Ы	Б	Й	Н	А	Х
З	Д	О	Р	О	В	Ы	Й	М	Й	Ь	Д	Я	Ы
О	Ж	И	Щ	Е	Ъ	М	Л	К	В	Х	И	Ф	Ш
А	Д	Л	Щ	И	М	Х	Д	Л	И	Н	Н	Ы	Й

СЕРЕБРО	КУДРЯВЫЙ
БЕЛЫЙ	СЕРЫЙ
БЛОНДИН	ДЛИННЫЙ
КУДРИ	КОРИЧНЕВЫЙ
БЛЕСТЯЩИЙ	ТОНКИЙ
ЛЫСЫЙ	ЧЕРНЫЙ
ЦВЕТНОЙ	ЗДОРОВЫЙ
КОРОТКАЯ	СУХОЙ
МЯГКИЙ	КОСЫ
ТОЛСТЫЙ	ПЛЕТЕНЫЙ

14 - Restaurant #1

```
К  Щ  И  Л  Р  А  Х  Ы  К  Г  Я  А  Ц  И
Ц  Ш  Н  М  Е  Ы  Л  Я  А  Б  Ч  Н  О  Ж
И  Ь  Г  К  Я  Ь  Е  Л  А  Г  А  Е  Д  А
Ф  Р  Р  М  Ъ  С  Б  В  Е  Ц  Ш  С  О  Ъ
Х  Щ  Е  У  Ф  Н  О  Ъ  Х  Р  А  Ш  П  П
Я  А  Д  Ч  И  М  М  У  Ж  Е  Г  Б  А  Р
О  Ф  И  Ц  И  А  Н  Т  К  А  Ш  И  И  Я
М  Л  ·Е  К  У  Х  Н  Я  О  И  В  В  Я  Н
Е  Я  Н  У  Ъ  А  П  Щ  Ф  О  Л  Ы  Ю  Ы
Н  Т  Т  Р  Ф  Д  Е  С  Е  Р  Т  О  С  Й
Ю  Б  Ы  И  С  О  У  С  К  А  С  С  И  Р
Б  Г  Щ  Ц  Я  Д  Ы  И  Л  Ъ  Н  Ч  А  Б
У  О  К  А  С  А  Л  Ф  Е  Т  К  А  Ж  К
Б  Р  О  Н  И  Р  О  В  А  Н  И  Е  Л  Р
```

АЛЛЕРГИЯ	МЕНЮ
ЧАША	ЕДА
КОФЕ	ХЛЕБ
КАССИР	КУРИЦА
НОЖ	БРОНИРОВАНИЕ
КУХНЯ	СОУС
ДЕСЕРТ	ОФИЦИАНТКА
ПРЯНЫЙ	САЛФЕТКА
ИНГРЕДИЕНТЫ	МЯСО

15 - Mammifères

У	Б	Ж	Д	Ь	К	М	Ь	Ц	К	Д	Ю	М	Д
Л	К	Ц	К	Е	Н	Г	У	Р	У	В	И	Ю	Ю
Е	И	Р	К	У	Л	И	С	А	В	Ф	П	С	У
М	Т	М	О	П	Ф	Ь	Ж	А	О	В	Ц	А	Ж
О	Ф	Ы	Й	Л	Е	В	Ф	С	Л	О	Н	Т	У
В	Б	К	О	Б	И	Я	Ю	И	К	Я	Ь	Р	У
Ф	Ф	Е	Т	Ы	М	К	Р	Д	Н	Ф	М	Р	Ы
Ь	Ю	Ю	З	К	М	Е	Д	В	Е	Д	Ь	Н	А
Г	Щ	Ъ	Ж	Ь	Г	О	Р	И	Л	Л	А	Ш	А
Ж	И	Р	А	Ф	Я	А	Т	А	О	Т	И	Г	Р
З	Е	Б	Р	А	И	Н	Е	Ж	Ш	Ъ	Т	Ф	Д
Щ	Р	С	Б	С	О	Б	А	К	А	Г	Ю	Д	Ф
М	К	О	Ш	К	А	Д	Г	Ъ	Д	Н	Б	В	Н
А	Л	Ф	Т	Щ	С	Г	Д	О	Ь	У	К	Ю	Г

КИТ	КРОЛИК
КОШКА	ЛЕВ
ЛОШАДЬ	ВОЛК
СОБАКА	ОВЦА
КОЙОТ	МЕДВЕДЬ
ДЕЛЬФИН	ЛИСА
СЛОН	ОБЕЗЬЯНА
ЖИРАФ	БЫК
ГОРИЛЛА	ТИГР
КЕНГУРУ	ЗЕБРА

16 - Sports

```
М П Е Т Б Л П О У Щ Ы Ч Ц М
С Л У Р Е С Т А Д И О Н О Г
Ч А О Е Й У Е Г С Г Г Я Л К
Б В Б Н С Д Н И П Р Л Р Х Л
Ц А Т Е Б Ь Н М О А С Ч О Ю
Г Т С Р О Я И Н Р К Д Е В К
Г Ь Р К Л Ц С А Т О В М Е О
Х О К К Е Й Щ З С М И П Л К
Я Л Л Р У Т Щ И М А Ж И О Ж
А Ч Щ Ь П Г Б Я Е Н Е О С С
Д С Я Ф Ф А Ф О Н Д Н Н И В
Г С Н О Д Ф Л Г Л А И А П Д
Г И М Н А С Т И К А Е Т Е Т
П О Б Е Д И Т Е Л Ь М Д Д Т
```

СУДЬЯ	ГИМНАСТИКА
СПОРТСМЕН	ХОККЕЙ
БЕЙСБОЛ	ИГРА
БАСКЕТБОЛ	ИГРОК
ЧЕМПИОНАТ	ДВИЖЕНИЕ
ТРЕНЕР	ПЛАВАТЬ
КОМАНДА	СТАДИОН
ПОБЕДИТЕЛЬ	ТЕННИС
ГОЛЬФ	ВЕЛОСИПЕД
ГИМНАЗИЯ	

17 - Chocolat

В	Ю	Ы	О	Щ	Е	П	И	А	Ш	А	А	Г	Р
К	Щ	Х	Ю	Ч	Р	Ч	К	Н	О	Н	Р	О	Е
У	П	К	А	Ч	Е	С	Т	В	О	Т	А	Р	Ц
С	Л	Ы	А	К	Ц	Т	В	К	Ш	И	Х	Ь	Е
Н	Щ	Ю	Ж	Р	Ц	Р	К	А	Ш	О	И	К	П
Ы	Б	Н	Б	Е	А	Ю	У	К	Щ	К	С	И	Т
Й	Т	Т	Ь	И	Ю	М	С	А	В	С	У	Й	В
К	О	К	О	С	М	Н	Е	О	Ю	И	К	А	С
А	Р	О	М	А	Т	Ы	С	Л	А	Д	К	И	Й
К	О	Н	Ф	Е	Т	Ы	Й	П	Ь	А	Р	В	Ш
Ш	С	А	Х	А	Р	Д	Ы	Р	Ч	Н	К	Г	Ц
Ъ	Н	Ж	Ю	Ж	Е	У	У	Ъ	Щ	Т	П	У	Т
И	Н	Г	Р	Е	Д	И	Е	Н	Т	С	Ы	Б	Ю
К	А	Л	О	Р	И	И	П	О	Р	О	Ш	О	К

ГОРЬКИЙ	СЛАДКИЙ
АНТИОКСИДАНТ	ЛЮБИМЫЙ
АРОМАТ	ВКУС
КОНФЕТЫ	ИНГРЕДИЕНТ
АРАХИС	КОКОС
КАКАО	ПОРОШОК
КАЛОРИИ	КАЧЕСТВО
КАРАМЕЛЬ	РЕЦЕПТ
ВКУСНЫЙ	САХАР

18 - Mathématiques

```
Т Р Е У Г О Л Ь Н И К Х П П
С У Е Н Б Д Г О С Л С Ь Л О
Ж Д П А П Ш Е Р Б Ч Ъ Ж О Л
Х Щ Д Ъ Д В О О А Ъ Х Н Щ И
Б Г Е Х Н О М Я Р Д Е А А Г
Э К С П О Н Е Н Т Щ И М Д О
Б Щ Я О Е Я Т Ы О Ф Ф У Ь Н
Л Ю Т Ю Ш Р Р Ы В Ь Л Л С И
Ф С И У М Ъ И Д И А М Е Т Р
Ч Ж Ч В В А Я М Ъ Р Щ Ч Д С
Г Я Н А Р И Ф М Е Т И К А У
Щ Ш Ы С Ф Е Р А Ш Т Л В Л М
Л Р Й Ф Р А К Ц И Я Р К Ф М
П А Р А Л Л Е Л Ь У Г Л Ы А
```

УГЛЫ	ПАРАЛЛЕЛЬ
АРИФМЕТИКА	ПЕРИМЕТР
ПЛОЩАДЬ	ПОЛИГОН
ДЕСЯТИЧНЫЙ	РАДИУС
ДИАМЕТР	СУММА
ЭКСПОНЕНТ	СФЕРА
ФРАКЦИЯ	ТРЕУГОЛЬНИК
ГЕОМЕТРИЯ	ОБЪЕМ

19 - Mythologie

```
У Б Е Ж Д Е Н И Я Г Р О М Ъ
Л Б Л Х Ш М М А У А Е Л У Ч
С У Щ Е С Т В О Щ И М Р Р Д
Ю Ъ В Б О У Ф В Н У Е С О Щ
А Р Х Е Т И П И Г С Ы М К Й
С Р В С Х Ж О Л С К Т Е А Б
О Е О С Ц Л В О И Н Ц Р Т К
З В Л М М А Е Г Л Н О Т А У
Д Н Ш Е О Б Д Г А О Ф Н С Л
А О Е Р Л И Е О Е Р Н Ы Т Ь
Н С Б Т Н Р Н Р И Н И Й Р Т
И Т Н И И И И У Ы Б Д Ц О У
Е Ь Ы Е Я Н Е Г Х У И А Ф Р
Х А Й Е Б Т М Е С Т Ь П А А
```

АРХЕТИП	ГЕРОЙ
КАТАСТРОФА	БЕССМЕРТИЕ
ПОВЕДЕНИЕ	РЕВНОСТЬ
СОЗДАНИЕ	ЛАБИРИНТ
СУЩЕСТВО	ЛЕГЕНДА
УБЕЖДЕНИЯ	ВОЛШЕБНЫЙ
КУЛЬТУРА	МОНСТР
МОЛНИЯ	СМЕРТНЫЙ
СИЛА	ГРОМ
ВОИН	МЕСТЬ

20 - Restaurant #2

```
З  Р  И  Х  Д  Л  Ч  Ч  У  Х  Л  Ф  Л  Ы
О  А  В  И  Л  К  А  Я  Й  Ц  А  Р  О  Ж
А  Н  К  Ь  Р  Х  У  О  Б  Е  Д  У  Ж  Я
Ы  М  Х  У  Ь  П  Ж  К  В  С  И  К  К  У
С  У  П  Н  С  В  О  Д  А  О  Ш  Т  А  Г
Т  Г  Б  Х  П  К  М  О  Ч  Л  Щ  Ц  У  Ъ
У  Л  А  П  Ш  А  А  Ф  Б  Ь  Е  И  Г  Я
Л  Ж  Ъ  Л  Н  А  П  И  Т  О  К  Д  Ж  Д
Ж  Ф  Н  Х  С  П  Е  Ц  И  И  Я  В  Л  Б
В  К  У  С  Н  Ы  Й  И  Р  Ы  Б  А  Ы  Б
М  Р  Г  Ъ  С  А  Л  А  Т  Ц  И  Т  Х  Л
Ш  Ф  Ф  Б  Ь  Ъ  Я  Н  О  Ъ  Ч  Ш  М  П
В  Р  И  Щ  П  А  Ш  Т  Р  П  Ъ  Ы  У  У
Н  Н  Ь  Р  Б  Ю  Б  Ш  Т  Ь  Ъ  Я  Л  Ъ
```

ЗАКУСКА	ТОРТ
НАПИТОК	ЛЕД
СТУЛ	ОВОЩИ
ЛОЖКА	ЛАПША
ОБЕД	ЯЙЦА
ВКУСНЫЙ	РЫБА
ВОДА	САЛАТ
СПЕЦИИ	СОЛЬ
ВИЛКА	ОФИЦИАНТ
ФРУКТ	СУП

21 - Couleurs

```
Е З К О Р И Ч Н Е В Ы Й Г А
Н Б Е Ж Е В Ы Й Г И Т Т Б Р
Л Ъ Т Л Е Ъ Ю Д Ъ Н Ж М Е С
Р А К Ч Е Р Н Ы Й Я М И Л Е
О К З Н Ю Н Ф У К С И Я Ы Р
З Р У У Ъ Е Ы Г Ф Ж Н Т Й Ы
О А А Г Р Я Ж Й О Т Д К И Й
В С Т Н М Н Ъ Е С Ц И А Н К
Ы Н М Н Ж Ф Ы М Е Ч Г В Ъ П
Й Ы С У Е Е Р Й П В О Д О К
Ш Й И Я Л В В Ш И С И Н И Й
Ь Д Ц Ч Т Я У Ы Я Ч Ч М Н Ъ
Я К Я Ч Ы Ш Ч Б Й Л Х Ф И Ж
У Р Л Н Й П У Р П У Р Н Ы Й
```

ЛАЗУРНЫЙ	ПУРПУРНЫЙ
БЕЖЕВЫЙ	КОРИЧНЕВЫЙ
БЕЛЫЙ	ЧЕРНЫЙ
СИНИЙ	ОРАНЖЕВЫЙ
ЦИАН	РОЗОВЫЙ
ФУКСИЯ	КРАСНЫЙ
СЕРЫЙ	СЕПИЯ
ИНДИГО	ЗЕЛЕНЫЙ
ЖЕЛТЫЙ	

22 - Avions

```
С Т Р О И Т Е Л Ь С Т В О Ь
А Т М О С Ф Е Р А М Н Ы Т Х
Э К И П А Ж П А С С А Ж И Р
П О С А Д К А В Х П Д У У Т
В Ы С О Т А Я Ц П С У Е Е О
Д И З А Й Н Ч Я Я Ъ В С К П
В О З Д У Ш Н Ы Й Ш А Р К Л
И П И Л О Т Е В У Щ Т Л И И
Г Ф П М А В Б Ц Ю Ж Ь И С В
А Д К А Х И О Ц Н Я Г М Т О
Т П Р И К Л Ю Ч Е Н И Е О В
Е П Р О П Е Л Л Е Р Ы О Р Р
Л Л И В О Д О Р О Д В У И Ь
Ь В О З Д У Х А Л Ю Х Г Я П
```

ВОЗДУХ	ЭКИПАЖ
АТМОСФЕРА	НАДУВАТЬ
ПОСАДКА	ВЫСОТА
ПРИКЛЮЧЕНИЕ	ПРОПЕЛЛЕРЫ
ВОЗДУШНЫЙ ШАР	ИСТОРИЯ
ТОПЛИВО	ВОДОРОД
НЕБО	ДВИГАТЕЛЬ
СТРОИТЕЛЬСТВО	ПАССАЖИР
СПУСК	ПИЛОТ
ДИЗАЙН	

23 - Aventure

Э	Н	Т	У	З	И	А	З	М	Е	П	Т	Н	Щ
П	Р	О	Б	Л	Е	М	Ы	Ь	Р	О	Р	А	Т
Х	Р	А	Б	Р	О	С	Т	Ь	А	Д	У	В	Т
Б	Н	У	Л	Ш	Ю	Ы	Ф	Э	Д	Г	Д	И	Ш
Ф	У	О	Ф	Л	В	Г	К	К	О	О	Н	Г	А
Р	Ц	У	В	Ю	Р	Ж	К	С	С	Т	О	А	Н
П	О	Б	Щ	Ы	Ф	М	Р	К	Т	О	С	Ц	С
Р	Ы	П	Ъ	Р	Й	И	А	У	Ь	В	Т	И	Т
И	Г	М	А	Ы	Ш	Ш	С	Р	Ж	К	Ь	Я	В
Р	Ь	Х	П	С	А	Ш	О	С	Ш	А	Ь	П	А
О	Ы	Ю	Ь	И	Н	Н	Т	И	Б	Р	Т	С	Д
Д	Р	У	З	Ь	Я	Ы	А	Я	В	К	У	Г	В
А	Ч	Р	У	М	Л	У	Й	М	П	Н	И	Т	Щ
В	О	З	М	О	Ж	Н	О	С	Т	Ь	Б	В	М

ДРУЗЬЯ
КРАСОТА
ХРАБРОСТЬ
ШАНС
ОПАСНЫЙ
ПРОБЛЕМЫ
ТРУДНОСТЬ
ЭНТУЗИАЗМ

ЭКСКУРСИЯ
МАРШРУТ
РАДОСТЬ
ПРИРОДА
НАВИГАЦИЯ
НОВЫЙ
ВОЗМОЖНОСТЬ
ПОДГОТОВКА

24 - Ville

```
Г Я С С У П Е Р М А Р К Е Т
Т А А П Т Е К А Р З Щ Л Г И
Б О Л Р М В Ы Г Ы О Ц И П Ю
И Ц О Е Х И Ъ П Н О Д Н Е Х
Б Я Н С Р Л У Т О П Р И К Н
Л Д К Т Ы Е Б А К А О К А Ш
И М К О Д Ц Я Ы Ш Р Ю А Р Л
О У И Р Ш Т Н Щ К К С Ф Н Г
Т З Н А К Ф Л О Р И С Т Я Ы
Е Е О Н О Т А Э Р О П О Р Т
К Й А Е Л Ж А Б Ь О Т Л Ъ М
А Д С Т А Д И О Н П О Е П Щ
Х Е Я Н Р Б А Н К Ч Ю Ъ Л Ь
Ш У Н И В Е Р С И Т Е Т Я Ь
```

АЭРОПОРТ	РЫНОК
БАНК	МУЗЕЙ
БИБЛИОТЕКА	АПТЕКА
ПЕКАРНЯ	РЕСТОРАН
КИНО	САЛОН
КЛИНИКА	СТАДИОН
ШКОЛА	СУПЕРМАРКЕТ
ФЛОРИСТ	ТЕАТР
ГАЛЕРЕЯ	УНИВЕРСИТЕТ
ОТЕЛЬ	ЗООПАРК

25 - Cuisine

```
Х О Л О Д И Л Ь Н И К Г Г Ч
Ф Ь К Ч Ъ Ф Ы Е Щ Ъ О У Р А
Б А Н К А Ы Л Ы Б В В Б И Ш
И Г Б У С Ш Н О Ж И Ш К Л К
Ш Н Ж В Р Ь А Л Ж Л Ч А Ь И
Х А О Ш Ф Е Ф Л Г К А Ф Ь Щ
Ф Ы Ц И У С П Е Ц И И Ь Ф Ъ
А Ч Ю Н Е Д А И Р Е Ж Д Ф К
Р С Ш Ч А Й Н И К К М Б В С
Т Е Ц М О Р О З И Л К А Г Ы
У Х Ц Ъ Я Ф Т Я Х О Р Е У Ъ
К Е Щ Е Ц С О Г О Г И Ж Ь А
Ф У Ь Г П Е Ч Ь Р О С Д О Ы
Я Ъ Ж Е С Т С А Л Ф Е Т К А
```

ЧАША	ГРИЛЬ
ЧАЙНИК	КОВШ
МОРОЗИЛКА	ЕДА
НОЖИ	БАНКА
КУВШИН	РЕЦЕПТ
ЛОЖКИ	ХОЛОДИЛЬНИК
СПЕЦИИ	САЛФЕТКА
ГУБКА	ФАРТУК
ПЕЧЬ	ЧАШКИ
ВИЛКИ	

26 - Corps Humain

К	Р	О	В	Ь	Л	И	Ц	О	К	Н	Ы	Д	Ю
П	В	Н	Ь	Щ	П	Д	С	У	А	П	Б	Т	Т
С	Ы	О	Ч	М	Т	О	Ю	Ф	Г	П	Ш	Д	Л
Ц	Б	С	Ц	Е	К	О	Ж	А	Е	У	Т	Е	Г
Л	П	Я	М	Е	Л	Ц	И	В	Р	Б	П	К	Я
Г	О	Л	О	В	А	Ю	Ы	Ж	У	Х	О	О	С
У	С	Ч	Д	И	Г	Ы	С	И	К	Т	Д	Л	Е
Б	Ж	Е	Л	У	Д	О	К	Т	А	Ь	Б	Е	Р
Ы	Л	О	К	О	Т	Ь	Щ	Ш	Ь	Ь	О	Н	Д
И	Д	Л	О	Д	Ы	Ж	К	А	Б	Е	Р	О	Ц
П	А	Л	Е	Ц	П	Л	Е	Ч	О	П	О	Х	Е
И	Н	Ъ	П	Ю	Г	Ш	Д	Щ	Р	Р	Д	Ж	В
М	О	З	Г	Ы	О	Н	Б	Т	Т	Л	О	Т	Л
Щ	Б	Ы	Ю	Р	Г	Н	В	М	П	Р	К	Т	Е

РОТ
МОЗГ
ЛОДЫЖКА
ШЕЯ
ЛОКОТЬ
СЕРДЦЕ
ПАЛЕЦ
ЖЕЛУДОК
ПЛЕЧО
КОЛЕНО

ГУБЫ
РУКА
ЧЕЛЮСТЬ
ПОДБОРОДОК
НОС
УХО
КОЖА
КРОВЬ
ГОЛОВА
ЛИЦО

27 - Épices

```
С О Л Ь Щ Ш Л У К К Ь Н Я Щ
И Т М И Н А Ш Щ А О Е Г К Ф
И М Г В Ж Ф К А Р Р И И И Е
Д Ц Б Д П Р О Ш Д И Т С С Н
Д Ы А И Х А Р У А А А Ч Л Х
С Ф Н Ч Р Н И Г М Н П Е Ы Е
П Л И М У Ь Ц С О Д М С Й Л
Е А С Ю Г Г А О Н Р И Н Ц Ь
Р В П В Т Ж Я Л В Ы Ь О Е Ж
Е А Л Х Р Ы О Г В Щ К Ъ Щ
Ц Н Ц Г И В М Д И П Я Л И Я
С И Т Щ Г К А К Р Я Ц Ф Д Й
Ъ Л Г Щ Щ У А А Ь В В Т Е М
Ж Ь В В Х С П А Ж И Т Н И К
```

КИСЛЫЙ	ПАЖИТНИК
ЧЕСНОК	ИМБИРЬ
ГОРЬКИЙ	ЛУК
АНИС	ПАПРИКА
КОРИЦА	ПЕРЕЦ
КАРДАМОН	СОЛОДКА
КОРИАНДР	ШАФРАН
ТМИН	ВКУС
КАРРИ	СОЛЬ
ФЕНХЕЛЬ	ВАНИЛЬ

28 - Science

```
И  С  К  О  П  А  Е  М  О  Е  Ш  Д  Ц  И
Л  А  Б  О  Р  А  Т  О  Р  И  Я  А  Э  Ш
Х  И  М  И  Ч  Е  С  К  И  Е  Д  Н  В  У
К  К  Е  У  Ч  М  П  Р  Ь  Ы  Э  Н  О  О
Ф  И  З  И  К  А  Е  Ъ  Б  О  К  Ы  Л  Ф
А  Ы  М  А  Ж  Т  О  Т  П  Н  С  Е  Ю  П
Ь  М  Л  И  И  О  Т  Ц  О  Ж  П  Ж  Ц  Р
Т  Л  И  Е  Н  М  Е  В  Ф  Д  Е  Ю  И  И
Г  И  П  О  Т  Е  З  А  М  Р  Р  Р  Я  Р
А  Б  Ь  Д  А  О  Р  Г  А  Н  И  З  М  О
К  Л  И  М  А  Т  П  А  Ы  Р  М  Ф  А  Д
Я  Я  М  О  Л  Е  К  У  Л  Ы  Е  А  Ы  А
И  Ы  Р  Ч  А  С  Т  И  Ц  Ы  Н  К  Л  Щ
Н  А  Б  Л  Ю  Д  Е  Н  И  Е  Т  Т  Ч  С
```

АТОМ	ЛАБОРАТОРИЯ
ХИМИЧЕСКИЕ	МЕТОД
КЛИМАТ	МИНЕРАЛЫ
ДАННЫЕ	МОЛЕКУЛЫ
ЭКСПЕРИМЕНТ	ПРИРОДА
ЭВОЛЮЦИЯ	НАБЛЮДЕНИЕ
ФАКТ	ОРГАНИЗМ
ИСКОПАЕМОЕ	ЧАСТИЦЫ
ГИПОТЕЗА	ФИЗИКА

29 - Chats

А	Н	П	Щ	Ю	Я	Х	Ф	Л	Ц	Х	Ф	Ш	К
И	Г	Р	И	В	Ы	Й	Ю	Б	Н	С	Н	Д	О
Ж	И	Я	Л	И	Ч	Н	О	С	Т	Ь	Е	И	Г
У	М	Ж	Б	Ю	Ъ	Ц	Ъ	П	Х	А	З	К	О
С	Л	А	П	А	Б	Я	Ю	А	В	И	А	И	Т
М	Е	Х	Л	Щ	Ж	О	Л	Т	О	Ж	В	Й	Ь
Е	Т	Ч	Х	Е	Х	Щ	П	Ь	С	Ж	И	Т	Ы
Ш	О	Х	О	Т	Н	И	К	Ы	Т	Щ	С	М	Ф
Н	Б	С	Г	Х	Ю	Ь	Е	Х	Т	Б	И	Ы	Б
О	Ю	Ы	А	Ъ	Т	Ъ	К	Я	Щ	Н	М	Ш	О
Й	И	Ж	С	Л	М	Ю	М	И	И	Щ	Ы	Ь	Ш
Ф	Т	Ч	С	Т	А	Ш	Ф	Ж	Й	Х	Й	Й	Ш
Я	Ь	Ц	Е	Л	Р	Л	Ю	Б	Я	Щ	И	Й	Х
С	Ч	В	Ф	Д	Ч	О	Ш	Ф	В	М	С	И	Ц

ЛЮБЯЩИЙ	НЕЗАВИСИМЫЙ
ОХОТНИК	ЛАПА
ЛЮБОПЫТНЫЙ	ЛИЧНОСТЬ
СПАТЬ	МАЛЕНЬКИЙ
СМЕШНОЙ	ХВОСТ
ИГРИВЫЙ	БЫСТРО
ПРЯЖА	ДИКИЙ
МЕХ	МЫШЬ
КОГОТЬ	

30 - Vêtements

П	Б	С	Е	Ж	Ч	П	О	Я	С	Ч	Я	Ъ	С
Л	Р	П	Х	И	Ю	А	Е	И	Ч	Р	Т	Ц	Н
А	А	М	Ю	Т	Ф	Л	С	Р	Д	У	Х	Ю	Н
Т	С	О	Б	У	В	Ь	Т	С	Ч	Б	Ж	Ы	Д
Ь	Л	Д	К	В	Е	Т	П	А	Ш	А	Р	Ф	Л
Е	Е	А	А	Т	К	О	Я	Н	Н	Ш	Т	М	Д
Б	Т	К	У	Р	Т	К	А	Д	Х	К	Т	К	Ж
Л	Р	Г	Ы	Ъ	Т	С	Ш	А	А	А	Ъ	Ф	И
У	Ш	Ю	О	Ж	Е	Р	Е	Л	Ь	Е	К	А	Н
З	Ь	М	К	Г	Ж	Ю	Х	И	Я	Л	А	Р	С
А	Т	С	В	И	Т	Е	Р	И	Ц	П	У	Т	Ы
Я	Г	Ъ	Б	К	М	О	Х	Т	Х	Ю	А	У	Н
П	И	Ж	А	М	А	И	Ъ	П	Ш	Д	Б	К	Б
У	Л	Я	О	Ж	С	Ы	Ы	О	М	Ь	Ц	Я	Х

БРАСЛЕТ	ЮБКА
ПОЯС	ПАЛЬТО
ШЛЯПА	МОДА
ОБУВЬ	БРЮКИ
РУБАШКА	СВИТЕР
БЛУЗА	ПИЖАМА
ОЖЕРЕЛЬЕ	ПЛАТЬЕ
ШАРФ	САНДАЛИИ
ПЕРЧАТКИ	ФАРТУК
ДЖИНСЫ	КУРТКА

31 - Arts Visuels

```
М К Р Е А Т И В Н О С Т Ь С
Ф О Т О Г Р А Ф И Я Е Х О К
С В Л О У К Т Ю Т И О П Х У
О Х Ы Ь Г Л И Н А Я А Н П Л
С Ъ Л О Б А Ю Ш Щ А Г О Ь
Т Х С Ю К Е Р А М И К А Р П
А Е У Ъ У Т Р А Ф А Р Е Т Т
В Ф О Д Г Ш П Т Ь Ш Ш Р У
О Л И Т О Х Д М Е Л В Я Е Р
С А Ш Л Л Ж Ш Е Д Е В Р Т А
К К Т Д Ь Ы Н Р У Ч К А Ц П
Д Щ Ы Ч Х М О И М Ъ Р Х Ж В
Ы Н П Е Р С П Е К Т И В А М
К А Р А Н Д А Ш С Т Е М П М
```

ГЛИНА	КРЕАТИВНОСТЬ
ХУДОЖНИК	ФИЛЬМ
КЕРАМИКА	ПЕРСПЕКТИВА
УГОЛЬ	ФОТОГРАФИЯ
ШЕДЕВР	ТРАФАРЕТ
МОЛЬБЕРТ	ПОРТРЕТ
ВОСК	СКУЛЬПТУРА
СОСТАВ	РУЧКА
МЕЛ	ЛАК
КАРАНДАШ	

32 - Méditation

```
Д П Ы Э А П А Ь Я Ю Д Ъ Ж К
Р Х П М Я Р П Р И В Ы Ч К И
О С Ы О Ъ И С Ю Д П Х Б В Д
М Т В Ц Б Н О Х О Е А О Н В
У У Б И К Я С А Б Р Н Д И И
Я М З И Ю Т Т С Р С И Р М Ж
С И С Ы И И Р П О П Е С А Е
Н Р Д Т К Е А О Т Е Т Т Н Н
О Е Д Щ В А Д К А К И В И И
С Ч Ю П Ю Е А О Х Т Ш У Е Е
Т В Н О Ж Ь Н Й П И И Ю М Ж
Ь Ь Ъ З М Ш И Н А В Н Щ О Я
Ц Ц Т А Т М Е Ы Ы А А И Х Ф
П Р И Р О Д А Й Ф Й Ь Й В Л
```

ПРИНЯТИЕ	УМСТВЕННЫЙ
ВНИМАНИЕ	ДВИЖЕНИЕ
СПОКОЙНЫЙ	МУЗЫКА
ЯСНОСТЬ	ПРИРОДА
СОСТРАДАНИЕ	МИР
ЭМОЦИИ	ПЕРСПЕКТИВА
БОДРСТВУЮЩИЙ	ПОЗА
ДОБРОТА	ДЫХАНИЕ
ПРИВЫЧКИ	ТИШИНА

33 - Littérature

```
С  В  Я  Р  Ю  С  Ь  Ь  У  Д  М  С  П  О
Т  Е  М  А  Ю  Р  Т  К  Х  А  Н  Т  О  П
С  И  К  С  У  А  М  И  Я  А  Е  И  Э  И
Ц  Л  Х  С  Т  В  Ю  Е  Х  Г  Н  Л  Т  С
И  Д  Ч  К  Щ  Н  Р  Д  Т  Р  И  Ь  И  А
Ф  Т  Р  А  Г  Е  Д  И  Я  А  Е  Б  К  Н
А  П  Ч  З  Ж  Н  Щ  Ъ  М  Н  Ф  И  А  И
Н  Г  Л  Ч  Р  И  Ф  М  А  А  Г  О  Р  Е
Е  Б  Ъ  И  Р  Е  И  К  У  Л  М  Г  Р  О
К  Ш  Т  К  Ж  И  Л  Ю  Л  О  Л  Р  О  А
Д  И  А  Л  О  Г  Т  У  Б  Г  А  А  М  В
О  А  Н  А  Л  И  З  М  Л  И  К  Ф  А  Т
Т  Ж  Г  Ю  Ж  Ю  Т  И  Б  Я  М  И  Н  О
З  А  К  Л  Ю  Ч  Е  Н  И  Е  У  Я  Ш  Р
```

АНАЛОГИЯ	РАССКАЗЧИК
АНАЛИЗ	МНЕНИЕ
АНЕКДОТ	СТИХ
АВТОР	ПОЭТИКА
БИОГРАФИЯ	РИФМА
СРАВНЕНИЕ	РОМАН
ЗАКЛЮЧЕНИЕ	РИТМ
ОПИСАНИЕ	СТИЛЬ
ДИАЛОГ	ТЕМА
МЕТАФОРА	ТРАГЕДИЯ

34 - Nourriture #1

```
Д  Р  Б  Ш  У  Т  Ъ  Д  Л  Я  У  Ъ  Л  Щ
Ы  У  Б  П  Ы  Щ  И  И  Б  Ч  Я  А  М  К
О  Ч  Л  И  М  О  Н  Г  Б  М  Я  С  О  Б
И  Е  Р  Н  Ф  Ч  С  Я  Т  Е  М  М  Ы  А
С  С  С  А  Л  А  Т  У  Г  Н  Х  Ы  Ж  Ш
А  Н  У  Т  У  Н  Е  Ц  П  Ь  П  Е  Р  Ь
М  О  Л  О  К  О  Д  В  Ю  М  Ы  Р  Л  К
Г  К  Л  У  Б  Н  И  К  А  В  К  П  Ш  Н
Т  С  О  Л  Ь  С  Ч  А  М  О  Д  Г  Т  Щ
Ч  Г  А  Ф  В  В  Ф  Р  Е  Ц  Я  Н  А  Ь
С  О  К  Х  Е  Б  А  З  И  Л  И  К  Щ  Ш
А  Ф  Н  О  А  Г  Р  У  Ш  А  Д  Б  Л  П
Ю  Ц  Ц  Н  Ф  Р  Е  П  А  Ю  Ш  С  Ь  Р
М  О  Р  К  О  В  Ь  Ц  К  О  Р  И  Ц  А
```

ЧЕСНОК	РЕПА
БАЗИЛИК	ЛУК
КОФЕ	ЯЧМЕНЬ
КОРИЦА	ГРУША
МОРКОВЬ	САЛАТ
ЛИМОН	СОЛЬ
ШПИНАТ	СУП
КЛУБНИКА	САХАР
СОК	ТУНЕЦ
МОЛОКО	МЯСО

35 - Jours et Mois

```
С  К  Ю  С  А  П  Р  Е  Л  Ь  Р  Ю  М  Н
Р  А  Ц  У  С  Е  Н  Т  Я  Б  Р  Ь  П  Е
Е  Л  У  Б  Ж  П  Я  Т  Н  И  Ц  А  П  Д
Д  Е  Ш  Б  У  Р  С  Ж  Ы  Ь  Ц  А  Я  Е
А  Н  П  О  Н  Е  Д  Е  Л  Ь  Н  И  К  Л
Н  Д  У  Т  Н  В  И  Б  Ф  Ц  С  И  Н  Я
О  А  Б  А  Ы  М  Т  Ч  Е  Т  В  Е  Р  Г
Я  Р  Г  В  Ы  А  Я  О  В  И  Ю  Н  Ь  Х
Б  Ь  Ф  Г  У  Р  Ъ  С  Р  С  К  Б  Ш  Н
Р  И  Х  У  Н  Т  Ю  О  А  Н  Д  Я  И  М
Ь  Ы  Ц  С  Г  К  М  К  Л  Г  И  Ч  Ю  Е
К  О  К  Т  Я  Б  Р  Ь  Ь  Я  Т  К  Л  С
Л  Я  Н  Ю  Т  Я  Н  В  А  Р  Ь  Б  Ь  Я
В  О  С  К  Р  Е  С  Е  Н  Ь  Е  Х  И  Ц
```

АВГУСТ	ВТОРНИК
АПРЕЛЬ	МАРТ
КАЛЕНДАРЬ	СРЕДА
ВОСКРЕСЕНЬЕ	МЕСЯЦ
ФЕВРАЛЬ	НОЯБРЬ
ЯНВАРЬ	ОКТЯБРЬ
ЧЕТВЕРГ	СУББОТА
ИЮЛЬ	НЕДЕЛЯ
ИЮНЬ	СЕНТЯБРЬ
ПОНЕДЕЛЬНИК	ПЯТНИЦА

36 - Championnat

```
Т К Ъ Ж Ь Ч Ч Ь Ь Т Д А П Я
К Ь О Т К Ж Е Г Ш Н П Ь Р Г
Т О М Х Ы Д М Ф Д Ъ Н С Е А
Р У М Ч Е М П И О Н А Т Д О
Е Ш Р А М У И Н Н Т У С С С
Н Х М Н Н К О А Ж Д Ы Т Т П
Е И У Х И Д Н Л Е Б Ц Р А О
Р Г Ь К Л Р А И И В Е А В Р
Ю Р Ч Ы Д Ы Ч С Ь Г Ь Т Л Т
Д Ы Ш А Т Ь Ч Т Ш Д А Е Е И
М О Т И В А Ц И Я Ж Г Г Н В
М Е Д А Л Ь С У Д Ь Я И И Н
П О Б Е Д А Ю П Т В Ш Я Е Ы
В Ы Н О С Л И В О С Т Ь Щ Й
```

ЧЕМПИОН
ЧЕМПИОНАТ
ВЫНОСЛИВОСТЬ
ТРЕНЕР
КОМАНДА
ФИНАЛИСТ
ИГРЫ
СУДЬЯ
ЛИГА

МЕДАЛЬ
МОТИВАЦИЯ
ПРЕДСТАВЛЕНИЕ
ДЫШАТЬ
СПОРТИВНЫЙ
СТРАТЕГИЯ
ТУРНИР
ПОБЕДА

37 - Pirates

```
Ь  Р  З  П  Л  Я  Ж  К  П  Л  О  Х  О  Й
П  В  О  М  Б  К  Е  А  Е  Д  П  Ц  Д  Ж
Р  Г  Л  М  П  О  И  Р  Ш  Р  А  М  С  Ш
И  В  О  М  Ю  Р  О  Т  Ь  В  С  Э  Ъ  Ч
К  Р  Т  М  Б  Ь  Щ  А  Б  Ш  Н  К  Щ  В
Л  М  О  О  С  Т  Р  О  В  С  О  И  К  Щ
Ю  Е  Б  У  Б  Н  О  К  Ж  П  С  П  Ц  Н
Ч  Ч  Г  П  М  Е  М  Ц  А  О  Т  А  Ц  Я
Е  Я  А  Е  О  К  Е  А  Н  П  Ь  Ж  Ш  Е
Н  Р  Ъ  Щ  Н  Ь  Ф  Ф  Н  У  И  Ж  Ж  С
И  П  Я  Е  Е  Д  Л  П  Ф  Г  Я  Т  Т  Л
Е  Е  Г  Р  Т  Б  А  Ъ  Д  А  Л  В  А  Г
Ы  Г  Ю  А  Ы  А  Г  Ъ  Х  Й  Ц  Ч  Т  Н
Ъ  Ю  Л  С  О  К  Р  О  В  И  Щ  Е  К  Л
```

ЯКОРЬ	ОСТРОВ
ПРИКЛЮЧЕНИЕ	ЛЕГЕНДА
КАПИТАН	ПЛОХОЙ
КАРТА	ОКЕАН
ШРАМ	ЗОЛОТО
ОПАСНОСТЬ	ПОПУГАЙ
ФЛАГ	МОНЕТЫ
МЕЧ	ПЛЯЖ
ЭКИПАЖ	РОМ
ПЕЩЕРА	СОКРОВИЩЕ

38 - Activités

```
Ъ Ф Б К Р Н С Ч Я Ц И Д У У
И О Л Е Ы М А Г И Я Г Щ Д А
С Т Р Р Б Ш Д В Ю А Р Ч О Д
К О Е А Н М О Я Ы Я Ы Т В Е
У Г М М А Е В Р Т К У Е О Я
С Р Е И Я К О Щ Ю С Ч Н Л Т
С А С К Л О Д О С У Г И Ь Е
Т Ф Л А О Х С Б Р Ы Ж Е С Л
В И А Ь В О Т А Н Ц Ы Р Т Ь
О Я А А Л Т В Ш И Т Ь Е В Н
Ы Е И Ы Я А О Г Я У Ъ Ю И О
П Е Ш И Й Т У Р И З М Б Е С
И Н Т Е Р Е С Ы Ы М П Ж Ь Т
А Ш Ь Ф Д К Е М П И Н Г Ц Ь
```

ДЕЯТЕЛЬНОСТЬ	САДОВОДСТВО
ИСКУССТВО	ИГРЫ
РЕМЕСЛА	ЧТЕНИЕ
КЕМПИНГ	ДОСУГ
КЕРАМИКА	МАГИЯ
ОХОТА	РЫБНАЯ ЛОВЛЯ
НАВЫК	ФОТОГРАФИЯ
ШИТЬЕ	УДОВОЛЬСТВИЕ
ТАНЦЫ	ПЕШИЙ ТУРИЗМ
ИНТЕРЕСЫ	

39 - Fleurs

Ф	М	А	Г	Н	О	Л	И	Я	Г	П	О	П	Р
Ь	А	М	О	Д	У	В	А	Н	Ч	И	К	О	О
Ю	К	И	Т	К	Б	У	К	Е	Т	О	Г	Д	З
П	Л	Ю	М	Е	Р	И	Я	С	Л	Н	А	С	А
П	Ж	Я	Ы	О	Ъ	Ш	О	Ы	Ж	А	Р	О	Л
К	С	Ф	Я	Ъ	Ъ	Д	Д	Г	Е	Ы	Д	Л	Е
Т	Л	Ц	Л	Е	Е	Ь	Ж	Ч	Р	Ъ	Е	Н	П
Ю	И	Е	А	Д	Ж	О	А	С	Ш	Г	Н	У	Е
Л	Л	М	В	М	В	Д	С	Ь	И	Л	И	Х	С
Ь	И	Х	А	Е	Я	Х	М	Ю	Ю	Р	Я	К	Т
П	Я	Ь	Н	О	Р	Х	И	Д	Е	Я	Е	И	О
А	Т	П	Д	Ю	И	Я	Н	Ч	О	Ц	Ф	Н	К
Н	Х	Д	А	И	Г	И	Б	И	С	К	У	С	Ь
М	А	Р	Г	А	Р	И	Т	К	А	М	И	Ш	О

БУКЕТ
ГАРДЕНИЯ
ГИБИСКУС
ЖАСМИН
ЛАВАНДА
СИРЕНЬ
ЛИЛИЯ
МАГНОЛИЯ
МАРГАРИТКА
ОРХИДЕЯ

МАК
ЛЕПЕСТОК
ОДУВАНЧИК
ПИОН
ПЛЮМЕРИЯ
РОЗА
ПОДСОЛНУХ
КЛЕВЕР
ТЮЛЬПАН

40 - Nourriture #2

```
К Ч М К С Х Г Ш Ь Д В П Б Е
Щ У Г И Щ Е Б Ш Р П И Ш Р Ю
В Г Р В Н Ъ Л Р И С Ш Е О Ш
И Л Ф И Р Д Б Ь Ю Ъ Н Н К Б
Н Е Я Й Ц О А И Д В Я И К Д
О Ъ Ъ С Д А К Л У Е Я Ц О Б
Г Р И Б Ъ М Л Л Ь Т Р А Л А
Р Р Т О С Я А П Ь Ч И Е И Н
А Ж Ч Ь Ю Б Ж О П И Г Ч Й А
Д Б М Н К Л А М Р Н Ь Р Ъ Н
Х Ф Б У Ъ О Н И Я А Ъ Ы Л Ю
Ю Б Ц Е У К Ю Д Х Л Е Б Ч И
Ч М А Н Г О Ш О К О Л А Д В
Т Я Т Г Л Е Ц Р Я К Щ Ж П Р
```

МИНДАЛЬ	КИВИ
БАКЛАЖАН	МАНГО
БАНАН	ЯЙЦО
ПШЕНИЦА	ХЛЕБ
БРОККОЛИ	РЫБА
ВИШНЯ	ЯБЛОКО
СЕЛЬДЕРЕЙ	КУРИЦА
ГРИБ	ВИНОГРАД
ШОКОЛАД	РИС
ВЕТЧИНА	ПОМИДОР

41 - Océan

```
Г Л Ь Р Ш К Р Е В Е Т К А О
Ж У А О Н Р И Ф М М Р О У С
Д Г Б Л Б А П Н П Ч Д А И Ь
Ж О Ф К Щ Б У Р Я О Р К Ж М
Ю Р Ы Б А У Ь М И Ц А У А И
Л Ь Ф Ч Ж А Н М Е Л Д Л Я Н
Щ М Д Е Л Ь Ф И Н Д И А М О
Ы Л Щ Р О Т У Н Е Ц У В С Г
Д Г Я Е Д Д С О Л Ь К З Ы Г
Е Ъ М П К И Т М Ы Г О О А Ш
К Г Ь А А Х Р Д У Ц Р Л М Л
Д Д Ф Х Ю Г И И Г К А Т Ы А
Ю О Я А Ц Е Ц Г В О Л Н Ы Л
А И Ю У Я С А У Г Ь Л Ц Ы П
```

УГОРЬ	МЕДУЗА
КИТ	РЫБА
ЛОДКА	ОСЬМИНОГ
КОРАЛЛ	АКУЛА
КРАБ	РИФ
КРЕВЕТКА	СОЛЬ
ДЕЛЬФИН	БУРЯ
ГУБКА	ТУНЕЦ
УСТРИЦА	ЧЕРЕПАХА
ПРИЛИВЫ	ВОЛНЫ

42 - Remplir

П	В	А	З	А	К	О	Р	З	И	Н	А	Ж	И
П	Ш	Я	П	Б	О	Ч	К	А	Ы	Л	Ь	Б	Т
Б	А	Н	К	А	Р	П	Ч	Д	У	К	Ъ	У	Е
А	Н	Ж	Н	Б	О	К	А	Е	Ж	Л	Ъ	Т	Ъ
С	У	Д	Н	О	Б	Н	А	П	М	Ш	Ч	Ы	П
С	У	М	К	А	К	Ю	Ш	Р	К	О	М	Л	Д
Е	П	И	Л	М	А	У	Щ	Х	М	А	Д	К	Т
Й	Л	О	Т	О	К	С	О	Щ	В	А	С	А	П
Н	П	В	Р	А	А	И	В	Щ	Е	Ю	Н	П	Н
Ц	О	Ж	У	Г	Л	Ъ	Ь	П	Д	Ъ	В	Г	Ф
Я	Ы	С	Б	Л	Ы	С	К	А	Р	Т	О	Н	О
Е	Я	К	К	Р	Ь	Ш	Ц	К	О	Ж	Д	М	Ч
А	Е	И	А	Т	Д	Ч	Ю	Е	Ц	С	Х	Х	Ю
К	О	Н	В	Е	Р	Т	С	Т	Ц	А	Г	С	Х

БОЧКА	ПАКЕТ
БАССЕЙН	ЛОТОК
КОРОБКА	КАРМАН
БУТЫЛКА	БАНКА
КАРТОН	СУМКА
ПАПКА	ВЕДРО
КОНВЕРТ	ТРУБКА
СУДНО	ЧЕМОДАН
КОРЗИНА	ВАЗА

43 - Ballet

Х	О	Р	Е	О	Г	Р	А	Ф	И	Я	А	Ж	И
Б	А	Л	Е	Р	И	Н	А	О	Ь	Т	У	Е	Н
Р	Е	П	Е	Т	И	Ц	И	Я	А	А	Д	С	Т
У	Р	О	К	И	Х	М	С	Ч	Е	Н	И	Т	Е
Е	К	Р	Ь	Н	П	Щ	Ы	П	Н	Ц	Т	С	Н
Ъ	С	Е	Д	Л	Р	Ю	Ф	Ш	Щ	О	О	Т	С
М	У	З	Ы	К	А	Я	Г	Р	Ц	Р	Р	И	И
Ш	М	Г	Н	У	К	Р	И	Т	М	Ы	И	Л	В
Ы	В	Ж	Б	Ш	Т	Ч	Б	Ы	Я	Щ	Я	Ь	Н
А	П	Л	О	Д	И	С	М	Е	Н	Т	Ы	Ы	О
Н	А	В	Ы	К	К	Б	Ь	С	О	Л	О	Х	С
Ч	Н	Ж	Щ	Ц	А	О	Р	К	Е	С	Т	Р	Т
К	О	М	П	О	З	И	Т	О	Р	Ъ	Ж	Щ	Ь
В	Ы	Р	А	З	И	Т	Е	Л	Ь	Н	Ы	Й	У

АПЛОДИСМЕНТЫ
БАЛЕРИНА
ХОРЕОГРАФИЯ
НАВЫК
КОМПОЗИТОР
ТАНЦОРЫ
ВЫРАЗИТЕЛЬНЫЙ
ЖЕСТ
ИНТЕНСИВНОСТЬ
УРОКИ

МЫШЦЫ
МУЗЫКА
ОРКЕСТР
ПРАКТИКА
АУДИТОРИЯ
РЕПЕТИЦИЯ
РИТМ
СОЛО
СТИЛЬ

44 - Fruit

Н	Ц	К	Е	А	П	Я	Д	Т	А	И	В	Б	Н
Ц	Ш	Ы	Ж	Н	Е	А	Ы	Г	В	Н	И	Ъ	Е
О	А	Р	Ч	А	Р	В	П	У	Г	Ж	Н	Ш	К
Е	Я	Ъ	Л	Н	С	Я	Ы	А	Г	И	О	Х	Т
Р	Ц	С	Д	А	И	И	Ч	В	Й	Р	Г	Ъ	А
Б	Ы	Р	Р	С	К	Ъ	С	А	Ц	Я	Р	Ф	Р
Л	И	М	О	Н	Ю	Б	В	В	Г	И	А	Ц	И
Х	Ъ	Н	У	Ф	С	Щ	К	И	В	И	Д	Т	Н
Ф	А	В	О	К	А	Д	О	Д	Ш	Ю	Л	Х	Л
Е	Р	Я	Б	Л	О	К	О	Ы	О	Н	Я	О	Ч
Ю	К	О	Р	А	Н	Ж	Е	В	Ы	Й	Я	Л	А
Г	Р	У	Ш	А	Н	М	А	Н	Г	О	И	А	О
М	А	Л	И	Н	А	А	Б	Р	И	К	О	С	Е
Р	И	Л	Е	Н	Д	Ы	Н	Я	Г	О	Д	А	Х

АБРИКОС	КИВИ
АНАНАС	МАНГО
АВОКАДО	ДЫНЯ
ЯГОДА	НЕКТАРИН
БАНАН	ОРАНЖЕВЫЙ
ВИШНЯ	ПАПАЙЯ
ЛИМОН	ПЕРСИК
ИНЖИР	ГРУША
МАЛИНА	ЯБЛОКО
ГУАВА	ВИНОГРАД

45 - Surf

```
Э К С Т Р Е М А Л Ь Н Ы Й В
Т О У С Л Ш Л А Ц О О У Ц Е
У П О П У Л Я Р Н Ы Й С С С
Ж Е Л У Д О К М И О Ф Ц А Е
Б С Д А В К Т О Л П Ы Н Г Л
В Р И Ф В Е П Х С О Ж А И Ь
А Е Я Л Ч А Ю Б П Г В Ч О Е
П П С Ш А Н Т П О О В И Ж Ж
И Б П Л Я Ж Я Ь Р Д О Н Ж Я
С К О Р О С Т Ь Т А Л А Ь Т
Ч Е М П И О Н С С Л Н Ю А Ь
Р Б Б Е У Ы Ш К М М А Щ В Л
У Л Ф Н В Я Б Е Е С Т И Л Ь
Ъ Д Р А И У В Н Н П Ц Й Б К
```

ВЕСЕЛЬЕ	ПЛАВАТЬ
СПОРТСМЕН	ОКЕАН
ЧЕМПИОН	ВЕСЛО
НАЧИНАЮЩИЙ	ПЛЯЖ
ЖЕЛУДОК	ПОПУЛЯРНЫЙ
ЭКСТРЕМАЛЬНЫЙ	РИФ
СИЛА	СТИЛЬ
ТОЛПЫ	ВОЛНА
ПОГОДА	СКОРОСТЬ
ПЕНА	

46 - Technologie

Е	Д	М	Г	Д	Ш	Щ	П	Н	М	Ф	Е	К	Я
Б	Р	А	У	З	Е	Р	А	Х	Ц	А	Б	А	Ь
А	Р	Ы	Н	С	О	И	И	Е	И	Й	Е	М	С
С	Н	У	Л	Н	И	Н	Х	К	Ф	Л	З	Е	О
И	Т	М	Ч	Ж	Ы	Т	К	У	Р	С	О	Р	О
Ю	К	А	Щ	С	Л	Е	Ш	Ц	О	Ш	П	А	Б
Ъ	У	К	Т	П	П	Р	Л	Ш	В	А	А	П	Щ
Б	М	Е	К	И	Я	Н	Т	Р	О	Щ	С	П	Е
А	Л	Р	М	С	С	Е	Н	И	Й	Д	Н	Н	Н
Й	М	О	А	Е	М	Т	Р	Ф	Э	Л	О	Х	И
Т	Ф	Ю	Г	М	Ж	Д	И	Т	К	Ы	С	О	Е
О	В	И	Р	У	С	Ш	У	К	Р	Ф	Т	М	Ъ
В	Щ	П	Ъ	П	Д	Х	Ш	Щ	А	Ю	Ь	П	Ю
И	С	С	Л	Е	Д	О	В	А	Н	И	Е	Ф	Г

БЛОГ	БРАУЗЕРА
КАМЕРА	ЦИФРОВОЙ
КУРСОР	БАЙТОВ
ДАННЫЕ	ШРИФТ
ЭКРАН	ИССЛЕДОВАНИЕ
ФАЙЛ	БЕЗОПАСНОСТЬ
ИНТЕРНЕТ	СТАТИСТИКА
СООБЩЕНИЕ	ВИРУС

47 - Comédie

У	Ю	Ы	Щ	Ж	А	У	Д	И	Т	О	Р	И	Я
В	М	А	К	Т	Е	Р	С	М	Е	Ш	Н	О	Й
Е	О	Н	Ш	Е	Ф	Л	М	П	Ы	К	Т	Ю	А
С	Р	К	Ы	У	Ц	Н	Е	Р	Х	Х	Р	Л	П
Е	Ъ	С	П	Й	Т	К	Х	О	Ч	Ъ	Щ	К	Л
Л	Ш	С	Щ	С	Ф	К	Т	В	У	Ь	Ь	В	О
Ь	К	Н	Е	Х	Н	Д	И	И	И	Е	Ь	П	Д
Е	П	А	Р	О	Д	И	Я	З	Ж	А	Н	Р	И
А	К	Т	Р	И	С	А	Ъ	А	Ш	М	Ы	Е	С
Ф	А	Л	Ц	Б	П	Ш	Ъ	Ц	Ф	У	Т	Ф	М
В	Е	С	О	Х	Ц	М	Е	И	Т	Г	С	Я	Е
Ь	Е	П	Ю	У	Ф	Х	Ц	Я	К	Ъ	Щ	М	Н
Т	Е	А	Т	Р	Н	Н	Ъ	Ы	Ь	Ц	Ж	Ъ	Т
М	М	С	В	М	М	Ы	П	У	П	Ф	Б	В	Ы

АКТЕР	ЮМОР
АКТРИСА	ИМПРОВИЗАЦИЯ
ВЕСЕЛЬЕ	УМНЫЙ
АПЛОДИСМЕНТЫ	ПАРОДИЯ
ШУТКИ	АУДИТОРИЯ
КЛОУНЫ	СМЕХ
СМЕШНОЙ	ТЕАТР
ЖАНР	

48 - Météo

```
А  М  П  Т  У  З  А  С  У  Х  А  Ю  Е  А
В  Т  Б  Ь  Г  Р  А  Д  У  Г  А  Л  Е  Д
Е  О  М  П  Т  Х  А  К  Л  И  М  А  Т  С
Т  Р  Н  О  Ж  Ш  С  Г  Ь  Я  Ф  Д  Е  П
Е  Н  О  П  С  Ф  В  Р  А  Х  Ю  Б  М  О
Р  А  М  Р  У  Ф  С  О  П  Н  Е  Ъ  П  К
Ш  Д  Н  Г  Х  И  Е  М  Н  А  Х  Ь  Е  О
Н  О  О  П  О  Л  Я  Р  Н  Ы  Й  Щ  Р  Й
Т  Е  О  П  Й  Ш  К  П  А  Е  У  С  А  Н
У  Ж  Б  Ъ  Ы  Щ  М  У  С  С  О  Н  Т  Ы
М  Щ  Р  О  Б  Л  А  К  О  Ц  Г  Б  У  Й
А  Л  И  Л  Ф  О  В  Ь  Ъ  Е  Х  У  Р  Р
Н  Ы  З  О  Ф  Ъ  Ц  Я  Ф  Д  И  Р  А  Ц
Т  Р  О  П  И  Ч  Е  С  К  И  Й  Я  О  Я
```

РАДУГА	УРАГАН
АТМОСФЕРА	ПОЛЯРНЫЙ
БРИЗ	СУХОЙ
ТУМАН	ЗАСУХА
СПОКОЙНЫЙ	ТЕМПЕРАТУРА
НЕБО	БУРЯ
КЛИМАТ	ГРОМ
ЛЕД	ТОРНАДО
МУССОН	ТРОПИЧЕСКИЙ
ОБЛАКО	ВЕТЕР

49 - Châteaux

```
Р Р Л Д Ы М Е Ч Ф И Г Ъ Ъ Х
Ъ М Т А Р И Д Х Е В Ъ Щ М Ю
Ы Х Ъ Ь Е Ю И Л О Ш А Д Ь Л
О Б Щ Б Щ Т Н С Д Р А К О Н
К О Р О Н А О Г А В М Ь К Я
А Д Д О Ы Х Р С Л Г О П С Е
Т Ь М Р Н В О Ь Ь Д Р Т М
А Ы Б Щ М Я Г Д Н И И И Е И
П П Р Ы Ц А Р Ь Ы М Н Н Н Ц
У П Р Щ Ц Ж Ш Ж Й П А Ц А Б
Л К И И Ъ Ь Е Я Ы Е С Е К А
Ь Ч Ю Т Н К С Ж А Р Т С Р Ш
Т Т Ф Р Б Ц Ы С Г И И С Ы Н
А К Р Е П О С Т Ь Я Я А Р Я
```

БРОНЯ	МЕЧ
ЩИТ	ФЕОДАЛЬНЫЙ
КАТАПУЛЬТА	КРЕПОСТЬ
ЛОШАДЬ	ЕДИНОРОГ
РЫЦАРЬ	СТЕНА
КОРОНА	ДВОРЕЦ
ДРАКОН	ПРИНЦ
ДИНАСТИЯ	ПРИНЦЕССА
ИМПЕРИЯ	БАШНЯ

50 - Randonnée

```
К А Р Т А У О Т Д Ю К У Ш С
В О Д А Щ С П П Я Г С Т Л А
К Д П К С Т А М А Ж А Е У М
В В Г О Р А С В Е Р Е С Е М
К А М Н И Л Н С У Ы К Л Х И
Х Л А Г Х Ы О Ц Л Ю Р И Ы Т
Р Д И К И Й С О Л Н Ц Е Ъ Й
П К Т М Ш Р Т П Р И Р О Д А
О С Т Я А Д И Б О Т И Н К И
Г Ж И В О Т Н Ы Е Ц М К Щ Е
О Р И Е Н Т А Ц И Я Ы Н У Ж
Д П С О К Е М П И Н Г У Ь У
А Щ Л Ъ Ж П У Ф Г Х Х М Л Б
Ъ П О Д Г О Т О В К А Т М Ю
```

ЖИВОТНЫЕ	ПОГОДА
БОТИНКИ	ГОРА
КЕМПИНГ	ПРИРОДА
КАРТА	ОРИЕНТАЦИЯ
КЛИМАТ	ПАРКИ
ОПАСНОСТИ	КАМНИ
ВОДА	ПОДГОТОВКА
УТЕС	ДИКИЙ
УСТАЛЫЙ	СОЛНЦЕ
ТЯЖЕЛЫЙ	САММИТ

51 - Meubles

С	Г	А	М	А	К	О	Х	П	З	Ж	О	Ч	Т
Т	К	О	В	Р	И	К	И	И	Е	Ю	Т	Ю	Я
О	Р	А	К	Т	Ж	Г	С	Ц	Р	О	О	Ъ	Ф
Л	Е	Я	М	П	Ю	Ы	Ж	К	К	Н	Ь	Т	У
Н	С	Щ	Д	Ь	И	Ш	С	К	А	С	Т	У	Т
Г	Л	И	А	Ч	Я	Ы	П	Р	Л	Ю	Т	Ш	О
Л	О	Ж	Р	П	О	А	О	О	О	Х	Ь	У	Н
А	Б	Ч	О	В	Д	Ю	Л	В	Д	Б	Е	Ж	Л
М	А	Т	Р	А	С	Н	К	А	И	У	О	Х	Ч
П	О	Д	У	Ш	К	А	И	Т	В	Щ	Ш	Е	Ч
А	П	А	К	Т	Ц	Т	Ф	Ь	А	Х	Т	К	А
А	Н	Х	О	О	Ю	Ъ	В	К	Н	Е	С	Л	И
Ь	Е	С	Н	Р	Я	П	Ы	С	Б	Ж	Д	У	Х
В	Д	У	Ь	Ы	Н	Я	Ж	Т	Т	Л	Р	Ш	Ч

СКАМЬЯ	ГАМАК
СТОЛ	ЛАМПА
ДИВАН	КРОВАТЬ
СТУЛ	МАТРАС
ПОДУШКИ	ЗЕРКАЛО
ПОЛКИ	ПОДУШКА
КРЕСЛО	ШТОРЫ
ФУТОН	КОВРИК

52 - Art

```
О П О Э З И Я Ф И Г У Р А В
С Р К Е Р А М И Ч Е С К И Й
Л О И З О Б Р А Ж А Т Ь Я Х
О Г Щ Г П Р О С Т О Й У А Ы
Ж Я Ж А И Щ Р Б Т Е М А К С
Н Ф Ъ Б Ы Н У Т К О Е Х О Ч
Ы Ж Ч Н И К А Ы Ш Ю Л Ы Б Ш
Й Б Е Ю Р И Х Л Ж И Л Ч Б О
С О С Т А В Ы Р А Ж Е Н И Е
И Ъ Т С К У Л Ь П Т У Р А Ф
М У Н С Ю Р Р Е А Л И З М Я
В Щ Ы Н А С Т Р О Е Н И Е Т
О Х Й В И З У А Л Ь Н Ы Й Р
Л В Д О Х Н О В Л Е Н Н Ы Й
```

КЕРАМИЧЕСКИЙ	ОРИГИНАЛ
СЛОЖНЫЙ	ПОЭЗИЯ
СОСТАВ	СКУЛЬПТУРА
ИЗОБРАЖАТЬ	ПРОСТОЙ
ВЫРАЖЕНИЕ	ТЕМА
ФИГУРА	СЮРРЕАЛИЗМ
ЧЕСТНЫЙ	СИМВОЛ
НАСТРОЕНИЕ	ВИЗУАЛЬНЫЙ
ВДОХНОВЛЕННЫЙ	

53 - Nutrition

```
З Ы Ф П И А С Ч Щ Г С И К Ц
Д Ю Е И Н Е П Л Б К П Б А О
О З Р Щ Г В Е П Т С У С Л С
Р Д М Е Р Е Ц Т Е Т Л О О Ъ
О О Е В Е С И Н Ш Т Ю У Р Е
В Р Н А Д Ш И Р П Х И С И Д
Ы О Т Р И Х Н Ж А Х Ш Т И О
Й В А Е Е Ж И Д К О С Т И Б
Ъ Ь Ц Н Н Т В И Т А М И Н Н
Б Е И И Т О У Г Л Е В О Д Ы
Ш Е Я Е Ы К Ц Г О Р Ь К И Й
М Р Л Щ Е С В К У С Ш Ф Е М
О Ф Ы К А И Х Ж Н Ц Ы Щ Т Р
П Ь Е Х И Н У Д Ж Т Ж К А Л
```

ГОРЬКИЙ	ЖИДКОСТИ
АППЕТИТ	ВЕС
КАЛОРИИ	БЕЛКИ
СЪЕДОБНЫЙ	ЗДОРОВЫЙ
ДИЕТА	ЗДОРОВЬЕ
ПИЩЕВАРЕНИЕ	СОУС
СПЕЦИИ	ВКУС
ФЕРМЕНТАЦИЯ	ТОКСИН
УГЛЕВОДЫ	ВИТАМИН
ИНГРЕДИЕНТЫ	

54 - Science Fiction

```
Ц П И К М Л Н Л Ь У У Ю А Ж
Р Ж Л Л Л Я Ю А П М Я М Н Ю
О Ж Л О П Ь М Ш Ж П Ь Я Т Ю
Б Б Ю Н Т Е Х Н О Л О Г И Я
О Г З Ы Щ У Ж Ь Д А Ь М У М
Т А И Н С Т В Е Н Н Ы Й Т Т
Ы Л Я Ы О Ц Н Ю П Е Л Р О Я
У А М Х Ы Р Е М Т К М П Ь
Т К У Д Ь В А Н Ж А Р М И Р
О Т М Ъ В Ж З К А О Ч Е Я О
П И К Н И Г И Р У Р К Ч Ч Г
И К К Д Д Щ У Ш Ы Л И Ю Д О
Я А А Т О М Н Ы Й В Е Й Ж Н
Б И П Г К И Н О Р О Ы П Б Ь
```

АТОМНЫЙ	МИР
КИНО	ТАИНСТВЕННЫЙ
КЛОНЫ	ОРАКУЛ
АНТИУТОПИЯ	ПЛАНЕТА
ВЗРЫВ	РОБОТЫ
ОГОНЬ	СЦЕНАРИЙ
ГАЛАКТИКА	ТЕХНОЛОГИЯ
ИЛЛЮЗИЯ	УТОПИЯ
КНИГИ	

55 - Vertus #1

```
К Ц Ч Р Р Ч А Ы Х Т Н Н С П
С К Р О М Н Ы Й О Т А Е М Р
Ф Г У П Н В Т П Р И Д З Е А
У М Н Ы Й И О А О Б Е А Ш К
В М У Д Р Ы Й Ц Ш Б Ж В Н Т
Е С Ю Ф П Р Ъ И И Ж Н И О И
Р Ц А А Н С Я Е Й Ю Ы С Й Ч
Е С Т Р А С Т Н Ы Й Й И Ц Е
Н Л Ю Б О П Ы Т Н Ы Й М О С
Н У Щ Ы Ч Д Ж Ч И С Т Ы Й К
Ы Р Е Ш И Т Е Л Ь Н Ы Й В И
Й Э Ф Ф Е К Т И В Н Ы Й В Й
П О Л Е З Н Ы Й Ж Ч Т Н У В
Ь К Я Ш С Щ Е Д Р Ы Й Щ Ш Л
```

ХОРОШИЙ	УМНЫЙ
УВЕРЕННЫЙ	СКРОМНЫЙ
ЛЮБОПЫТНЫЙ	СТРАСТНЫЙ
РЕШИТЕЛЬНЫЙ	ПАЦИЕНТ
СМЕШНОЙ	ПРАКТИЧЕСКИЙ
ЭФФЕКТИВНЫЙ	ЧИСТЫЙ
НАДЕЖНЫЙ	МУДРЫЙ
ЩЕДРЫЙ	ПОЛЕЗНЫЙ
НЕЗАВИСИМЫЙ	

56 - Professions #1

```
Р П Ы Х С Е П Б А Х О Р Ц Ю
Е С Н Ь Щ Ш П А С Я Х В Ш В
Д И К Д Х Я Т Н Т Р О Р Л Е
А Х Д С Ю Ь Х К Р А Т А Ь Л
К О Я П Ц Ы Л И О Д Н Ч Р И
Т Л Ю Н Ж Х Ь Р Н В И Ц Ф Р
О О Т Р Е Н Е Р О О К П О У
Р Г Е О Л О Г Ж М К М И Ц Р
И М Е Д С Е С Т Р А Р А Е У
П О Ж А Р Н Ы Й Ф Т Р Н К Ч
В О Д О П Р О В О Д Ч И К Е
К А Р Т О Г Р А Ф Л Е С Г Н
П О С О Л И Д Г У Ъ Л Т Ь Ы
Ъ М У З Ы К А Н Т К Г Ж Б Й
```

ПОСОЛ	ГЕОЛОГ
АСТРОНОМ	МЕДСЕСТРА
АДВОКАТ	ВРАЧ
БАНКИР	МУЗЫКАНТ
ЮВЕЛИР	ПИАНИСТ
КАРТОГРАФ	ВОДОПРОВОДЧИК
ОХОТНИК	ПОЖАРНЫЙ
ТАНЦОР	ПСИХОЛОГ
ТРЕНЕР	УЧЕНЫЙ
РЕДАКТОР	

57 - Géologie

```
К  Р  И  С  Т  А  Л  Л  Ы  Е  К  С  Ы  Р
А  Б  К  О  Р  А  Л  Л  Ъ  Л  Я  Т  Х  А
М  Г  Ь  Л  Ь  У  К  Ъ  Д  О  Ю  А  К  С
Е  Э  С  Ь  Ы  С  Ш  А  Ь  Р  Ь  Л  К  П
Н  П  Р  К  З  О  Н  А  Л  П  Х  А  В  Л
Ь  Е  Л  О  Л  Ы  Ф  Т  Ь  Ь  Ф  К  А  А
М  Щ  П  Н  З  А  Д  К  В  Б  Ц  Т  Р  В
И  Е  Л  Т  Я  И  В  Ж  Б  Е  П  И  Ц  Л
Н  Р  А  И  О  Г  Я  А  Ц  С  Т  Т  Й  Е
Е  А  Т  Н  Д  Е  У  П  П  Ш  Ь  Г  М  Н
Р  С  О  Е  Ь  Й  К  И  С  Л  О  Т  А  Н
А  Ч  Ж  Н  И  З  В  У  Л  К  А  Н  О  Ы
Л  Ь  Д  Т  Г  Е  Щ  М  О  Д  К  У  Б  Й
Ы  К  Б  Ж  Р  Р  Б  Ц  Й  Ч  И  Б  О  Я
```

КИСЛОТА	ЛАВА
КАЛЬЦИЙ	МИНЕРАЛЫ
ПЕЩЕРА	КАМЕНЬ
КОНТИНЕНТ	ПЛАТО
КОРАЛЛ	КВАРЦ
СЛОЙ	СОЛЬ
КРИСТАЛЛЫ	СТАЛАКТИТ
ЭРОЗИЯ	ВУЛКАН
РАСПЛАВЛЕННЫЙ	ЗОНА
ГЕЙЗЕР	

58 - Cirque

А	Р	Е	Д	Ь	Ь	Щ	Ж	С	Б	Ч	Ь	Ц	К
К	П	А	Р	А	Д	П	А	Л	А	Т	К	А	О
Р	З	Б	З	Т	Ю	Ч	К	Л	О	У	Н	Я	Н
О	Р	Щ	И	В	И	С	А	Е	О	Ф	Ж	Ф	Ф
Б	И	Л	Е	Т	Л	Г	Ш	В	Ю	Я	И	Д	Е
А	Т	В	Щ	Я	Ч	Е	Р	Т	Б	Т	В	Ъ	Т
Т	Е	Т	М	У	З	Ы	К	А	Ц	Ч	О	Ь	Ы
Д	Л	Ч	А	Р	П	О	К	А	З	А	Т	Ь	Ю
П	Ь	О	Г	Ю	Г	М	П	И	Т	М	Н	С	Ж
М	А	Г	И	Я	У	Ъ	П	Ж	Н	Ь	Ы	Л	К
О	Б	М	А	Н	Ы	В	А	Т	Ь	О	Е	О	Я
К	О	С	Т	Ю	М	О	Б	Е	З	Ь	Я	Н	А
Щ	Т	М	Р	Ъ	Е	Ю	Р	Щ	Х	Р	Я	Н	О
Ж	О	Н	Г	Л	Е	Р	Б	Ш	Ю	И	Д	Б

АКРОБАТ	ЛЕВ
ЖИВОТНЫЕ	МАГ
ОБМАНЫВАТЬ	МАГИЯ
БИЛЕТ	ПОКАЗАТЬ
КОНФЕТЫ	МУЗЫКА
КЛОУН	ПАРАД
КОСТЮМ	ОБЕЗЬЯНА
РАЗВЛЕКАТЬ	ЗРИТЕЛЬ
СЛОН	ПАЛАТКА
ЖОНГЛЕР	ТИГР

59 - Jardin

```
К Г И В И Б Ч Щ О Щ Я Г Ь Ч
У Р Ю Ж З А Б О Р П О К Ю Ш
Ю А Ы Н Р Т О Д Л Г Г Р Ц П
Ш Б Т Л Ы У Б С О А Ч Е Ф Ы
Ь Л Ч Д Ь Т Щ К П Р Ч Н В Т
Д И К Я Н Ц И А А А Л А Ч Е
И П Р У Д Т О М Т Ж И Б Ч Р
И И П П С П В Ь А Л Ц Ш П Р
М Ц В Е Т О К Я Ы У С Л Н А
Ч Ч Щ Ж Р Ч Р Е Г Ж Ю А Х С
Д Д Ч Н А В В Н П А С Н Д А
Т О Н О В А Ь Р Я Й Г Г П Ъ
Ь У Г Б А Г А М А К У С Т О
Д Е Р Е В О С Ф С А И И Я Ь
```

ДЕРЕВО	СОРНЯКИ
СКАМЬЯ	ЛОПАТА
КУСТ	ЛУЖАЙКА
ЗАБОР	КРЫЛЬЦО
ПРУД	ГРАБЛИ
ЦВЕТОК	ПОЧВА
ГАРАЖ	ТЕРРАСА
ГАМАК	БАТУТ
ТРАВА	ШЛАНГ
САД	

60 - Barbecues

```
Ь М Т Х Ъ Е Ж И Г Щ У Ц Ф Ж
К У Р И Ц А И Г В Р К Б С Г
Ь З Ы Я Ш Д Е Т И Ж И Г Г О
Ж Ы С А Л А Т Ы Л Т Х Л Г Л
С К П Е Р Е Ц А К Ж Е Е Ь О
Ш А Я С М П Ы Ф И Б У Т Ж Д
О В Ш Ю С Ь П О М И Д О Р Ы
Ю Ь Н Г О Р Я Ч И Й Ж И Г Ш
Ъ У М М У Б С Л Ю Д Ъ Б О Х
Х Я М Л С О Л Ь Щ Л Д Г Р Ф
Н О Ж И С Г Л У Ф Р У К Т Ц
Ю Б Щ Ц Б Ч Е Т Я Ъ У К Щ У
С Е В У И Г Р Ы О В О Щ И У
Ф Д Ы И Щ Л Ж Ж Е Ч И Д Л Т
```

ГОРЯЧИЙ	ИГРЫ
НОЖИ	ОВОЩИ
ОБЕД	МУЗЫКА
ДЕТИ	ЛУК
ЛЕТО	ПЕРЕЦ
ГОЛОД	КУРИЦА
СЕМЬЯ	САЛАТЫ
ВИЛКИ	СОУС
ФРУКТ	СОЛЬ
ГРИЛЬ	ПОМИДОРЫ

61 - Anniversaire

```
П В А Р Ч У П Х Ш Ъ Г Я Щ И
Р Р Е Р А Д О С Т Н Ы Й М Н
И Е Ъ Ш Ж О Д Р У З Ь Я У И
Г М Е И Ц Ы А У С Ч С А Д У
Л Я Ю Д О Л Р П Ч К Ъ Г Р Х
А Ж Б Ъ Л Д О Н А П Р Ь О Л
Ш Х О Ж Т Ю К Р С О Е К С Х
Е М О Л О Д О Й Т О Р Т Т Ш
Н Ю Ж Ъ В Е С Е Л Ь Е Г Ь Д
И П Е С Н Я О С И Щ Е Г Ж Е
Я П Р А З Д Н О В А Н И Е Н
Ж Д Г К А Р Т Ы Ы Е У О Р Ь
Щ Д О Ы Г Ю П М Й Я Ч Р У А
О Щ Д Ж Я О С О Б Ы Й И Ш Ч
```

ДРУЗЬЯ	ТОРТ
ВЕСЕЛЬЕ	СЧАСТЛИВЫЙ
ГОД	ПРИГЛАШЕНИЯ
СВЕЧИ	МОЛОДОЙ
ПОДАРОК	ДЕНЬ
КАРТЫ	РАДОСТНЫЙ
ПЕСНЯ	МУДРОСТЬ
ПЕТЬ	ОСОБЫЙ
ПРАЗДНОВАНИЕ	ВРЕМЯ

62 - Animaux de Compagnie

```
Я  В  Ц  Я  М  Ш  С  В  Х  О  М  Я  К  С
С  Я  К  Р  Ы  Б  А  О  О  Ф  Ф  А  Н  О
Т  Ъ  Т  Н  Ш  Ч  Е  Р  Е  П  А  Х  А  Б
Щ  В  Ь  Ф  Ь  С  Д  О  Ж  Х  Х  К  Б  А
Я  Щ  Е  Р  И  Ц  А  Т  В  Г  Д  К  Ы  К
К  Р  О  Л  И  К  Л  Н  О  Ю  И  Т  Р  А
А  Ы  В  О  Д  А  Н  И  С  Ц  П  В  Ф  К
П  Д  Л  С  Е  Ш  Д  К  Т  Л  А  П  Ы  Я
К  О  Ш  К  А  Р  Д  Щ  Т  Н  М  О  У  К
П  Б  В  Ф  Е  Д  Б  Ш  К  Ю  Е  П  Т  Ы
К  О  Р  О  В  А  Г  А  Д  О  М  У  С  А
Д  Ъ  Ж  Ы  Д  Д  Ы  У  Д  Н  З  Г  Я  Л
Щ  Е  Н  О  К  О  Г  Т  И  Ъ  С  А  Ч  Л
У  О  Ж  Щ  Р  Ы  К  Ж  Ш  К  Н  Й  Н  Ю
```

КОШКА	ЯЩЕРИЦА
КОЗА	ЕДА
СОБАКА	ЛАПЫ
ЩЕНОК	ПОПУГАЙ
ВОРОТНИК	РЫБА
ВОДА	ХВОСТ
КОГТИ	МЫШЬ
ХОМЯК	ЧЕРЕПАХА
ПОВОДОК	КОРОВА
КРОЛИК	

63 - Forêt Tropicale

```
У П Л Я Щ М Я Ч Х Н Ц А Ю Б
К Б Т М О Х С Л Ц Ы Е М М О
С Л Е С Ъ Ъ Н А Я Щ Н Ф Л Т
О В И Ж Ю У В А Ж Е Н И Е А
О Ы К М И Е Ь Н У Д Ы Б К Н
Б Ж Ф В А Щ Л А Р Ж Й И О И
Щ И Т Ь Ц Т Е П Г У Ю И П Ч
Е В Б Ф С О Х Р А Н Е Н И Е
С А Г А С Б В И Д Г П Ф Т С
Т Н Т Х Ю Л Е Р Ъ Л П Д А К
В И Ю А Ъ А Ш О И И Т Н Ю И
О Е Х Ч Ь К Ч Д Т Щ И Р Щ Й
Х Б У Д М А Ê А Ж Е Ц М И П
Н А С Е К О М Ы Е Е Ы Ы Е В
```

АМФИБИИ	ПРИРОДА
БОТАНИЧЕСКИЙ	ОБЛАКА
КЛИМАТ	ПТИЦЫ
СООБЩЕСТВО	ЦЕННЫЙ
ВИД	СОХРАНЕНИЕ
НАСЕКОМЫЕ	УБЕЖИЩЕ
ДЖУНГЛИ	УВАЖЕНИЕ
МЛЕКОПИТАЮЩИЕ	ВЫЖИВАНИЕ
МОХ	

64 - Insectes

```
Б Т Г К Р Ч О Р И Т Ш Д Ф Х
У А Е Г Ы Б Т Н В А Е К Ц Щ
Т К Б Р О С А Ц Щ Р Р О А П
Б О Г О М О Л И Ъ А Ш М Т Ч
Л Н Л И Ч И Н К А К Е А Л У
О Ж У К Х К Т А С А Н Р Я Л
Х Б С К М У А Д А Н Ь У А Ж
А Ж Ц Т У З Ц А Р П Ч Е Л А
Т Ш Щ П Р Н Ъ А А Ч Е Р В Ь
Г И Т О А Е П Ш Н Р О В Ф Е
А Ф Л Ч В Ч К П Ч С Ш О В Т
П Ш Т Ф Е И С О А Б Я И О Ь
Щ Ъ Ъ Ю Й К Р У З Щ К Е Ы П
В Ю И С Ъ И В У П А О Л С П
```

ПЧЕЛА	БОГОМОЛ
ТАРАКАН	КОМАР
ЦИКАДА	БАБОЧКА
САРАНЧА	БЛОХА
МУРАВЕЙ	ТЛЯ
ШЕРШЕНЬ	КУЗНЕЧИК
ОСА	ЖУК
ЛИЧИНКА	ТЕРМИТ
СТРЕКОЗА	ЧЕРВЬ

65 - Ferme #1

```
Ш Ю Р У Н С В И Л Т Е Л Е Ц
О П И Ы Б Т Л О Ш А Д Ь Р Щ
Ш И С О Б А К А Д И Л П Щ Ж
К Щ Ь Ч Ы Д У К Р А Ж Л Н Ь
Ь А Е Ы Д О Р Я Е Ю Е Ж У П
С Е Н О Х Ж И Т С Ф Х П Г Х
В В К А Ч Ц Ц П Р Е Л Ю Ч П
И М О Т Л П А И Д Ч Т К П Ч
Н М Р Р Я Г Ч Ъ К Ц П О Л Е
Ь Ц О И О Я Г Е В О Д Ш З Л
Я У В У П Н Ш Ы Г Н З К А А
А Е А Ю Д Ь А Г Б Н У А Б М
У Д О Б Р Е Н И Е М Б Я О П
У П Е М Е Д О С Е Л Р П Р К
```

ПЧЕЛА	ВОРОНА
ОСЕЛ	ВОДА
ЗУБР	УДОБРЕНИЕ
ПОЛЕ	СЕНО
КОШКА	МЕД
ЛОШАДЬ	КУРИЦА
КОЗА	РИС
СОБАКА	СТАДО
ЗАБОР	КОРОВА
СВИНЬЯ	ТЕЛЕЦ

66 - Escalade

```
К У Е С С И Л А Ю Ъ Ф П Д А
Р З А В В Ф Щ И Б О И Е П Т
У К Д Б Ш Ы Т У Ъ И З Ш Е М
Ц И Ш Л Е М С Б Т И И И Щ О
Ж Й Г Р Д Ь К О А Ц Ч Й Е С
Т Р А В М А А Т Т Ч Е Т Р Ф
С О Р Т Б Е Р И Ф А С У А Е
О Ы Я Я Щ Х Т Н У Р К Р Э Р
Ж Ь Ы Ь А Ю А К Х Ч И И К А
П Е Р Ч А Т К И А Ь Й З С Г
Л Ю Б О П Ы Т С Т В О М П Л
Ц О Б У Ч Е Н И Е Ъ А Г Е М
П Ц П Р О Б Л Е М Ы М Д Р Ь
С Т А Б И Л Ь Н О С Т Ь Т Ч
```

ВЫСОТА	УЗКИЙ
АТМОСФЕРА	СИЛА
ТРАВМА	ОБУЧЕНИЕ
БОТИНКИ	ПЕРЧАТКИ
КАРТА	ПЕЩЕРА
ШЛЕМ	ФИЗИЧЕСКИЙ
ЛЮБОПЫТСТВО	ПЕШИЙ ТУРИЗМ
ПРОБЛЕМЫ	СТАБИЛЬНОСТЬ
ЭКСПЕРТ	

67 - École #2

```
Б И Б Л И О Т Е К А О М Ф Б
Ы К А Л Е Н Д А Р Ь Б А О Р
К А Р А Н Д А Ш А Н У Т Г О
У К Н И Г И П И Ш У В Е Р Б
Ч Ж О Б У Ч Е Н И Е Ь М А Р
И Б У М А Г А Н А У К А М А
Т Т У А П К Л Ю Д У Е Т М З
Е А Ч Ф Ц Ь И Г Р Ы А И А О
Л Р Т Щ Я Ж Ю Н Ф С В К Т В
Ь Ч Т Е Н И Е Т Ъ Ш Т А И А
С Л О В А Р Ь Х Е Ъ О Ы К Н
Н О Ж Н И Ц Ы Л И Р Б Е А И
Л И Т Е Р А Т У Р А У К С Е
Ж Л Щ Ъ О В Я Р С У С Л Р Ъ
```

ОБУЧЕНИЕ	ОБРАЗОВАНИЕ
БИБЛИОТЕКА	ГРАММАТИКА
АВТОБУС	ИГРЫ
КАЛЕНДАРЬ	ЧТЕНИЕ
ОБУВЬ	ЛИТЕРАТУРА
НОЖНИЦЫ	КНИГИ
КАРАНДАШ	МАТЕМАТИКА
СЛОВАРЬ	КОМПЬЮТЕР
УЧИТЕЛЬ	БУМАГА
ПИШУ	НАУКА

68 - Antarctique

К	Д	Б	Т	Е	Ж	Х	М	Ф	П	Т	И	Ц	Ы
М	Ж	Д	Е	Г	К	Ф	И	П	О	О	У	О	З
С	И	Р	М	Е	Г	Н	Г	Ь	Л	Ж	Т	С	А
С	О	Н	П	О	Ж	П	Р	Х	У	Ш	Н	Т	Л
К	Б	Х	Е	Г	Ц	Ш	А	В	О	Д	А	Р	И
А	Л	Г	Р	Р	Ъ	Ш	Ц	Ш	С	В	У	О	В
Л	А	Т	А	А	А	Г	И	Л	Т	Ъ	Ч	В	В
И	К	М	Т	Ф	Н	Л	Я	Е	Р	Ц	Н	А	Ф
С	А	И	У	И	Р	Е	Ы	Д	О	Д	Ы	Ц	Ч
Т	Д	Ф	Р	Я	Е	Д	Н	Н	В	Ю	Й	Ь	Ш
Ы	А	Д	А	Л	Ю	П	К	И	Т	Ы	Н	Ю	Н
Й	Щ	А	Я	К	Ф	Т	К	К	Е	Б	Ш	Ю	О
Э	К	С	П	Е	Д	И	Ц	И	Я	Е	Ь	Ю	М
Х	И	С	С	Л	Е	Д	О	В	А	Т	Е	Л	Ь

ЗАЛИВ
КИТЫ
ИССЛЕДОВАТЕЛЬ
СОХРАНЕНИЕ
ВОДА
ЭКСПЕДИЦИЯ
ГЕОГРАФИЯ
ЛЕД
ЛЕДНИКИ

ОСТРОВА
МИГРАЦИЯ
МИНЕРАЛЫ
ОБЛАКА
ПТИЦЫ
ПОЛУОСТРОВ
СКАЛИСТЫЙ
НАУЧНЫЙ
ТЕМПЕРАТУРА

69 - Professions #2

И	А	С	Т	Р	О	Н	А	В	Т	М	Ж	Б	И
Г	Л	И	Н	Г	В	И	С	Т	Ю	С	Ы	И	З
Ш	М	Л	З	О	О	Л	О	Г	Б	А	Ш	Б	О
Ь	Х	Ю	Ю	Ч	Ы	М	Н	Ю	Ч	Д	Х	Л	Б
В	И	Р	К	С	Ч	Р	Ч	Ь	Н	О	У	И	Р
Н	Р	В	Д	Е	Т	Е	К	Т	И	В	Д	О	Е
Ж	У	А	Н	К	Б	Р	Д	Ф	Ф	Н	О	Т	Т
Ф	Р	Л	Ч	Р	Ж	И	А	О	М	И	Ж	Е	А
И	Г	К	П	У	Г	Х	О	Т	Н	К	Н	К	Т
Л	У	Ч	И	Т	Е	Л	Ь	Л	О	Т	И	А	Е
О	Я	Е	Л	Ж	С	Б	Е	И	О	Р	К	Р	Л
С	Ы	Ф	О	Т	О	Г	Р	А	Ф	Г	Ь	Ь	Ь
О	С	Е	Т	Ж	У	Р	Н	А	Л	И	С	Т	Х
Ф	А	Б	Н	И	Н	Ж	Е	Н	Е	Р	Ш	Ю	Ю

АСТРОНАВТ	САДОВНИК
БИБЛИОТЕКАРЬ	ЖУРНАЛИСТ
БИОЛОГ	ЛИНГВИСТ
ХИРУРГ	ВРАЧ
ДЕТЕКТИВ	ХУДОЖНИК
УЧИТЕЛЬ	ФИЛОСОФ
ИЛЛЮСТРАТОР	ФОТОГРАФ
ИНЖЕНЕР	ПИЛОТ
ИЗОБРЕТАТЕЛЬ	ЗООЛОГ

70 - Les Abeilles

```
Р  Р  Ф  Н  Х  Ц  К  О  Р  О  Л  Е  В  А
О  А  А  М  А  В  Е  Ф  Р  Ъ  С  Щ  О  И
Й  Ц  С  З  Д  С  К  Р  Ы  Л  Ь  Я  С  Л
Д  В  Я  Т  Н  К  Е  У  П  М  А  Ш  К  И
Ы  Е  Д  А  Е  О  Л  К  Ы  Щ  Д  Ц  Э  У
Я  Т  Я  Ц  П  Н  О  Т  О  Б  Ь  В  К  Ч
П  Ы  Л  Ь  Ц  А  И  Б  Р  М  Ш  Е  О  С
Т  С  А  Д  У  Н  М  Я  Р  О  О  Т  С  Ъ
О  П  Ы  Л  И  Т  Е  Л  Ь  А  П  Е  И  Ц
У  Л  Е  Й  Б  Р  Д  С  Ъ  Ы  З  Н  С  И
Д  Ы  М  С  О  Л  Н  Ц  Е  Я  Х  И  Т  Ц
Ж  Н  О  Ы  Ъ  И  В  К  И  Ю  Ш  Е  Е  Ц
Ж  Ж  С  А  М  Д  С  Ы  С  И  И  Ь  М  Ы
Ъ  И  У  В  Ы  Г  О  Д  Н  Ы  Й  Х  А  А
```

КРЫЛЬЯ	НАСЕКОМОЕ
ВЫГОДНЫЙ	САД
ВОСК	МЕД
РАЗНООБРАЗИЕ	ЕДА
РОЙ	РАСТЕНИЯ
ЭКОСИСТЕМА	ПЫЛЬЦА
ЦВЕТЕНИЕ	ОПЫЛИТЕЛЬ
ЦВЕТЫ	КОРОЛЕВА
ФРУКТ	УЛЕЙ
ДЫМ	СОЛНЦЕ

71 - Dinosaures

```
Р  М  А  М  О  Н  Т  Ь  Щ  Л  Х  В  И  Д
Е  П  Ж  С  Г  Б  Л  С  А  Ф  Ъ  Х  С  О
П  Щ  Ц  Х  Р  К  О  Я  Б  Ж  Ц  Р  Ч  Б
Т  М  Ж  Р  О  Ь  Л  Ж  К  Х  Ж  Е  Ы
И  Э  Ш  А  М  З  Д  Я  Ь  Л  Х  Н  З  Ч
Л  В  М  З  Н  Е  О  Р  Ю  Ш  В  М  Н  А
И  О  С  М  Ы  М  М  С  У  Г  О  А  О  П
Я  Л  Ы  Е  Й  Л  У  О  И  Ь  С  Й  В  О
И  Ю  Б  Р  Я  Я  Е  Ю  Щ  И  Т  Ш  Е  Р
О  Ц  Б  Ы  К  Д  Ц  О  Ъ  Н  Ъ  М  Н  О
Г  И  Ж  Ж  Ч  Ы  Н  Ш  Н  А  Ы  Ж  И  Ч
Ь  Я  О  А  Ж  К  Р  Ы  Л  Ь  Я  Й  Е  Н
Я  Ф  Н  Г  Ш  Ы  Ю  Т  Й  Х  Ж  Ы  М  Ы
Ч  Ы  У  И  С  К  О  П  А  Е  М  Ы  Е  Й
```

КРЫЛЬЯ	ВСЕЯДНЫЙ
ИСЧЕЗНОВЕНИЕ	ДОБЫЧА
ВИД	МОЩНЫЙ
ОГРОМНЫЙ	ХВОСТ
ЭВОЛЮЦИЯ	РЕПТИЛИЯ
ИСКОПАЕМЫЕ	РАЗМЕР
БОЛЬШОЙ	ЗЕМЛЯ
МАМОНТ	ПОРОЧНЫЙ

72 - Automne

```
Ь И М М Х М М Р Ц А Т Ы М Б
П Ф В И С Ф Е С Т И В А Л Ь
К Я Ш Ф Г И И С Ю Ш Е Л К В
Т Р У Б Б Р И Ы Я Л И С А Д
П О Ж А Р Ы А И Н Ц Ч Д Ш С
Ж Ъ Г В Л У М Ц Ч В Ы К Т Е
К Л И М А Т О А И И Я Ъ А З
Щ Н У Р В У Р Ь Ф Я И Ъ Н О
М Щ Ш Ь Ж П О Г О Д А Ш Ы Н
Я Б Л О К И З Н Ч Т Ь Ш Е Н
Р А В Н О Д Е Н С Т В И Е Ы
Г П Р И Р О Д А Ъ О Ц С С Й
Д Х Д К Л И С Т В Е Н Н Ы Й
О Д Е Ж Д А Ц Б Ж Е Л У Д Ь
```

ЛИСТВЕННЫЙ	ПОГОДА
КАШТАНЫ	МИГРАЦИЯ
КЛИМАТ	МЕСЯЦЫ
РАВНОДЕНСТВИЕ	ПРИРОДА
ФЕСТИВАЛЬ	ЯБЛОКИ
ПОЖАРЫ	СЕЗОННЫЙ
МОРОЗ	САД
ЖЕЛУДЬ	ОДЕЖДА

73 - Conduite

```
Т Р А Н С П О Р Т Ц Б Щ Д Ь
Н У Ж Д Я Н Д В И Ж Е Н И Е
А В Н Д О Р О Г А Б З Ц Ф О
В У Ь Н Ь О П А С Н О С Т Ь
М Л И Ц Е Н З И Я Ч П П О Р
Е Я Ъ Ь Е Л Е Л Р Ы А Е П С
Г М О Т О Р Ь М И И С Ш Л Т
Е Р М А С К А Р Т А Н Е И О
Ч К У Р У Щ Г Ж И Г О Х В Р
Ш Б С З Н П Ц А Ю А С О О М
С К О Р О С Т Ь Р З Т Д А О
Ж Д Ч Ю Н В Д У Ъ А Ь Ю В З
Ю М О Т О Ц И К Л М Ж О Т А
П О Л И Ц И Я К А В А Р И Я
```

АВАРИЯ	МОТОЦИКЛ
ГРУЗОВИК	ПЕШЕХОД
ТОПЛИВО	ПОЛИЦИЯ
КАРТА	ДОРОГА
ОПАСНОСТЬ	БЕЗОПАСНОСТЬ
ТОРМОЗА	ДВИЖЕНИЕ
ГАРАЖ	ТРАНСПОРТ
ГАЗ	ТУННЕЛЬ
ЛИЦЕНЗИЯ	СКОРОСТЬ
МОТОР	

74 - Plantes

```
Б С О Т Г У Н Е Ж Х О И Е У
О Т Ф Ъ О С В Г Я Ц Ы Ц Х У
Т Е К У С Т Ч С Д У Я Ц Н Т
А Б О А Щ Ш А Л В Д Щ М Т У
Н Е Р О К Ц В Е Т О К К П О
И Л Е Ы Ш Т Ы П Ц Б В Н К П
К Ь Н Х Ш Л У Е Г Р П Л Ю Щ
А Л Ь Ш М И У С Д Е Р Е В О
Я Г О Д А С Ф Т Ю Н Е С А Д
У Ь Б Е С Т Т О Е И М С К Ю
Ц Ш Ж О О В Н К М Е С Ь Е С
У К Ф О Б А Ф М Н О О К Ъ Ы
Т Р А В А Ф Л О Р А Х Б О Ф
Н Ц Ь Р А С Т И Б А М Б У К
```

ДЕРЕВО	ЛЕС
ЯГОДА	РАСТИ
БАМБУК	БОБ
БОТАНИКА	ТРАВА
КУСТ	САД
КАКТУС	ПЛЮЩ
УДОБРЕНИЕ	МОХ
ЛИСТВА	ЛЕПЕСТОК
ЦВЕТОК	КОРЕНЬ
ФЛОРА	СТЕБЕЛЬ

75 - Ferme #2

Т	Ж	И	В	О	Т	Н	Ы	Е	Д	А	Ю	Щ	И
О	К	У	К	У	Р	У	З	А	Б	Л	П	П	Х
Р	Р	Ж	Б	Х	К	О	В	Р	Т	Т	Г	М	Ь
М	Ш	О	Г	Ы	Л	С	Ы	Ч	Я	А	Б	П	Е
Ч	Б	И	Ш	Ф	Я	Л	А	М	А	Ю	К	Ь	П
Г	Д	Г	Е	Е	Г	О	В	Ц	А	Ч	У	У	А
П	Ш	Ы	Ж	Р	Н	Я	Ч	М	Е	Н	Ь	Ь	С
Ц	Ш	О	У	М	Е	И	Щ	О	О	В	О	Щ	Т
Ц	Н	Е	Ъ	Е	Н	Д	Е	Л	У	Г	Д	Я	И
Ж	Ю	Ф	Н	Р	О	Г	С	О	Л	Ъ	М	С	М
Е	Т	Н	Р	И	К	Ж	О	К	Е	Ч	С	Ь	Ч
В	Ц	Ч	П	У	Ц	Ц	Д	О	Й	Я	А	Ю	Щ
М	В	Т	У	Т	К	А	М	Б	А	Р	Д	К	П
И	Ч	С	Я	В	Т	Т	Р	А	К	Т	О	Р	Д

ЯГНЕНОК	ЛАМА
ФЕРМЕР	ОВОЩ
ЖИВОТНЫЕ	КУКУРУЗА
ПАСТИ	ОВЦА
ПШЕНИЦА	ЕДА
УТКА	ЯЧМЕНЬ
ФРУКТ	ЛУГ
АМБАР	УЛЕЙ
ОРОШЕНИЕ	ТРАКТОР
МОЛОКО	САД

76 - École #1

```
М В Г М Ч В Ч Ь Ф Ш П П М Б
П Р Т Р А Т И Б У М А Г А Ы
Г Ь О Б Е Д Н К С Н П С Р Д
У Ч И Т Е Л Ь А Т Ф К Т К М
К Н И Г И Я Н Р О О И У Е А
Р Я Щ Ц Ь Ш Ь А Л Ч Р Л Р Т
С У Ь Р Ж Т О Н Л Ы Э И Ы Е
Ь Т Ч К Л Г Ж Д Ы В К В Н М
К Ф Ц К М П Г А Т Б З Е О А
Ы С Б Ж И О С Ш А В А С Т Т
Б И Б Л И О Т Е К А М Е В И
А Л Ф А В И Т Г А О Е Л Е К
Щ Ч И С Л А Д Ш Д М Н Ь Т А
Д Р У З Ь Я С Ы Е Я Ы Е Ы В
```

АЛФАВИТ	УЧИТЕЛЬ
ДРУЗЬЯ	ЭКЗАМЕНЫ
ВЕСЕЛЬЕ	КНИГИ
БИБЛИОТЕКА	МАРКЕРЫ
СТОЛ	МАТЕМАТИКА
СТУЛ	ЧИСЛА
КАРАНДАШ	БУМАГА
РУЧКИ	ВИКТОРИНА
ОБЕД	ОТВЕТЫ
ПАПКИ	

77 - Vacances #2

```
Е Ф Ь К Р И В Б М Ж Ъ Т И П
Р В Х Е Е Н Ю И У М Б И Ы А
Е С Б М С О Щ Н З С Е У С С
Т Н С П Т С Л Д Т А К С И П
П Ц В И О Т Ы Ы О Т Е Л Ь О
А О С Н Р Р Д Ь Ч С Я И Е Р
Л С Е Г А А П Л Я Ж У А А Т
А Т В З Н Н К А Р Т А Г Э В
Т Р Я Б Д Н И Я Д Ф М О Р Е
К О У А Л Ы Т Я Я О Ы Ю О Ц
А В Ы А Ф Й Ч Т П Т Я Я П К
Т Р А Н С П О Р Т О Т Я О Б
Б Р О Н И Р О В А Н И Е Р Н
П Р А З Д Н И К У Ъ Ф Ы Т Г
```

АЭРОПОРТ	ПЛЯЖ
КЕМПИНГ	РЕСТОРАН
КАРТА	БРОНИРОВАНИЕ
ИНОСТРАННЫЙ	ТАКСИ
ОТЕЛЬ	ПАЛАТКА
ОСТРОВ	ПОЕЗД
ДОСУГ	ТРАНСПОРТ
МОРЕ	ПРАЗДНИК
ПАСПОРТ	ВИЗА
ФОТО	

78 - Temps

Г	С	Ц	Д	Е	С	Я	Т	И	Л	Е	Т	И	Е
О	К	Я	Б	М	И	Н	У	Т	А	Ч	В	И	Т
Д	О	Ю	У	Т	Р	О	П	О	Л	Д	Е	Н	Ь
В	Р	Б	Д	Н	О	Ч	Ь	К	Л	Ч	К	Б	Т
Ч	О	К	У	Ч	А	С	Ы	И	Д	Д	О	В	Р
Е	Т	А	Щ	Р	А	И	Н	М	С	К	Ш	Л	Т
Р	Ж	Л	Е	П	О	С	Л	Е	Н	Г	Б	Ц	Р
А	Ы	Е	Е	Т	Щ	Ь	И	С	Д	Г	В	Н	Ц
Л	Я	Н	Г	Ю	Б	Ы	С	Я	Р	Е	Я	У	С
Ы	А	Д	П	О	О	Т	П	Ц	Ш	Щ	Л	Ф	Е
Щ	Х	А	Ь	Б	Д	О	Я	Ж	Ц	У	Ш	Я	Й
Щ	Ъ	Р	Р	Д	С	Н	Д	Е	Н	Ь	Р	М	Ч
М	М	Ь	В	Я	Ф	Ц	Ы	Т	У	Д	Е	Т	А
К	Ъ	Р	Г	А	Б	Ш	И	Й	П	Р	Ж	Ж	С

ГОД	ЧАСЫ
ЕЖЕГОДНЫЙ	ДЕНЬ
ПОСЛЕ	СЕЙЧАС
ДО	УТРО
СКОРО	ПОЛДЕНЬ
КАЛЕНДАРЬ	МИНУТА
ДЕСЯТИЛЕТИЕ	МЕСЯЦ
БУДУЩЕЕ	НОЧЬ
ЧАС	НЕДЕЛЯ
ВЧЕРА	ВЕК

79 - Maison

Ш	М	Х	Х	Д	В	Ю	Г	А	О	К	Н	О	Ш
Д	В	Е	Р	Ь	Б	Ъ	Я	Щ	Т	А	П	Ч	К
Ж	Л	Т	А	В	Ф	К	Ш	И	Щ	М	О	Я	Л
Ц	У	П	С	Ф	Д	С	А	Д	Г	И	Т	И	Ю
Б	И	Б	Л	И	О	Т	Е	К	А	Н	О	К	Ч
М	Ч	З	Ь	П	Д	Е	Я	О	Р	Ц	Л	Р	И
Н	Е	В	Е	Ч	У	Н	Ц	М	А	П	О	Ы	Е
Л	Р	Ь	О	Р	Ш	А	Ч	Н	Ж	Т	К	Ш	Г
Л	Д	С	Ю	Ф	К	К	Ч	А	Д	Е	У	А	К
Е	А	Ы	К	Ш	Я	А	И	Т	Ж	Ъ	Х	В	Ы
Ю	К	М	А	М	Е	Т	Л	А	Ш	Ы	Н	Ч	Ф
Ж	О	Щ	П	В	О	Х	Ж	О	Ш	Б	Я	Ю	Ъ
Щ	Л	Т	Г	А	Ш	Т	О	Р	Ы	Ь	К	У	А
Ы	К	Л	З	А	Б	О	Р	К	О	В	Р	И	К

МЕТЛА	ЧЕРДАК
БИБЛИОТЕКА	САД
КОМНАТА	ЛАМПА
КАМИН	ЗЕРКАЛО
КЛЮЧИ	СТЕНА
ЗАБОР	ПОТОЛОК
КУХНЯ	ДВЕРЬ
ДУШ	ШТОРЫ
ОКНО	КОВРИК
ГАРАЖ	КРЫША

80 - Légumes

```
Б  Р  О  К  К  О  Л  И  Д  И  Л  Р  Ъ  М
Ф  Р  Е  П  А  У  У  Г  У  Е  Л  Е  Я  О
Б  Л  Ч  Щ  Ш  В  К  О  Г  Ю  Ъ  Д  Е  Р
С  А  Е  Б  А  Р  Т  И  Ш  О  К  И  К  К
Е  П  К  Г  Р  И  Б  М  Г  Г  Р  С  С  О
Л  О  Ю  Л  У  И  О  Б  Ъ  У  Х  О  Ю  В
Ь  М  О  П  А  Р  Х  И  А  Р  Ы  Ь  Х  Ь
Д  И  Д  Н  А  Ж  Р  Р  Ч  Е  С  Н  О  К
Е  Д  Ц  Ш  Ь  Д  А  Ь  О  Ц  Ъ  Р  В  Д
Р  О  Ж  Н  П  С  Ь  Н  О  Л  И  В  К  А
Е  Р  П  Т  В  И  Т  Ы  К  В  А  В  Ю  Д
Й  Ш  А  Л  О  Т  Н  С  А  Л  А  Т  Е  А
Е  М  Ь  Ю  Г  И  Ю  А  Л  В  Ш  Щ  Ф  Ц
П  Е  Т  Р  У  Ш  К  А  Т  Я  У  О  С  В
```

ЧЕСНОК	ШПИНАТ
АРТИШОК	ИМБИРЬ
БАКЛАЖАН	РЕПА
БРОККОЛИ	ЛУК
МОРКОВЬ	ОЛИВКА
СЕЛЬДЕРЕЙ	ПЕТРУШКА
ГРИБ	ГОРОХ
ТЫКВА	РЕДИС
ОГУРЕЦ	САЛАТ
ШАЛОТ	ПОМИДОР

81 - Plage

```
М Ф Т П Ф Т Р В О С Е П П Е
О Ь Я Ь Д Н Ж О В С Л О О Ю
Р Д Р П С Б Н Я Ц П У Б Л Ф
Е А Щ О Ж Ж Ю Ш Е Ц Е Е О Ь
А Ф Г Ж И Г И Ъ Щ Р Н Р Т Щ
П Е С О К К Р А Б Т Ч Е Е Г
Ж Ч А И Г Л И Д Ш Б О Ж Н С
П З Н О Н С Ф К О Ы С Ь Ц О
Л О Д К А И О У И К Т Е Е Д
А Н А Е К Ъ Й Л О Ц Р Ч Ж Д
В Т Л А Г У Н А Н Р О Ф Ф Х
А И И Н Ы Л И Ж К Ц В О Д Л
Т К И О Т П У С К Ю Е М Т Ж
Ь Ы И К Р Н Р Ч Р В Е И Б Ъ
```

ЛОДКА	ОКЕАН
СИНИЙ	ЗОНТИК
ПОБЕРЕЖЬЕ	РИФ
КРАБ	ПЕСОК
ДОК	САНДАЛИИ
ОСТРОВ	ПОЛОТЕНЦЕ
ЛАГУНА	СОЛНЦЕ
МОРЕ	ОТПУСК
ПЛАВАТЬ	

82 - Famille

```
И  Ь  Р  Ж  К  Ы  С  Я  Н  Д  О  Ч  Ь  Р
О  Д  Е  П  Р  Е  Д  О  К  Е  Е  Л  Л  Ш
Ц  Я  Б  Ь  Р  Ч  В  М  Г  Т  Е  Т  Я  Е
П  Л  Е  М  Я  Н  Н  И  К  С  С  Ъ  И  Ы
Д  Т  Н  Д  Ь  Ю  М  В  Ф  Т  Ы  Ь  Ф  Н
Е  Н  О  Ч  К  Б  А  К  П  В  Н  У  К  Б
Ж  Х  К  Ч  Ф  Т  Т  Ш  Ю  О  Ч  Ы  Х  А
С  Е  С  Т  Р  А  Ь  Б  У  М  У  Ж  Щ  Б
Т  Р  Н  К  О  Б  Д  С  Щ  Н  М  К  М  У
С  Р  М  А  Т  Е  Р  И  Н  С  К  И  Й  Ш
Д  Я  Д  Я  Е  А  Ш  А  Ф  Д  Л  К  Ъ  К
К  Ш  Л  В  Ц  А  Я  У  Т  Е  Ч  И  Я  А
К  С  Ч  Н  Ч  О  У  Ш  Ш  Д  Ь  Ы  П  И
Щ  Е  И  Ы  О  Т  Ц  О  В  С  К  И  Й  К
```

ПРЕДОК	МАТЕРИНСКИЙ
ДЕТСТВО	МАТЬ
РЕБЕНОК	ПЛЕМЯННИК
ДЕТИ	ДЯДЯ
ЖЕНА	ОТЦОВСКИЙ
ДОЧЬ	ВНУК
БРАТ	ОТЕЦ
БАБУШКА	СЕСТРА
ДЕД	ТЕТЯ
МУЖ	

83 - Oiseaux

```
Ц П П А В Л И Н М Ж Н П Ш Ч
Я И Е А В В Я Ю В О Р О Н А
К Н Л Ь И Т О Л Д Ф Н П К Й
Щ Г И П К С Ц А П Л Я У У К
О В К А В Е Т Ж К А Ч Г К А
Р И А Г О Л У Б Ь М Г А У Б
Е Н Н Б У Т К А И И Ю Й Ш Л
Л Е Х Я К С С С Е Н Ч У К Е
К У Р И Ц А Ь П У Г М И А Б
Т У К А Н Е Ч Т И О В Ф М Е
А Б Ь Щ Я Ю К Д Ч Ф Б Е Е Д
Б Ъ С П Й Д Щ Ч Ш Л Я Б Ю Ь
У К Ы У Ц С Т Р А У С Г У Д
Щ Х Е В О Р О Б Е Й П И Ц Т
```

ОРЕЛ	ПИНГВИН
СТРАУС	ВОРОБЕЙ
УТКА	ЧАЙКА
АИСТ	ЯЙЦО
ГОЛУБЬ	ГУСЬ
ВОРОНА	ПАВЛИН
КУКУШКА	ПОПУГАЙ
ЛЕБЕДЬ	ПЕЛИКАН
ФЛАМИНГО	КУРИЦА
ЦАПЛЯ	ТУКАН

84 - Disciplines Scientifiques

```
Э К О Л О Г И Я М М Н Т Г Х
Д М П П О Х Ц Б Е И Е Е Е Б
А Ы С Ю Р Н А О Т Н В Р О Ъ
Е Р И Б Б К С Т Е Е Р М Л Я
А С Х Г Б Ь Т А О Р О О О Б
Н О О Е И Щ Р Н Р А Л Д Г И
А Ц Л Х О Л О И О Л О И И О
Т И О Ш Х Л Н К Л О Г Н Я Л
О О Г Т И Ю О А О Г И А П О
М Л И Х М Ъ М Г Г И Я М И Г
И О Я Г И Х И М И Я Ф И Т И
Я Г А Е Я Ш Я Г Я Я Ж К Г Я
Л И Н Г В И С Т И К А А И Ф
Ч Я М Е Х А Н И К А Ш Н Ж Ш
```

АНАТОМИЯ	ЛИНГВИСТИКА
АРХЕОЛОГИЯ	МЕХАНИКА
АСТРОНОМИЯ	МЕТЕОРОЛОГИЯ
БИОХИМИЯ	МИНЕРАЛОГИЯ
БИОЛОГИЯ	НЕВРОЛОГИЯ
БОТАНИКА	ПСИХОЛОГИЯ
ХИМИЯ	СОЦИОЛОГИЯ
ЭКОЛОГИЯ	ТЕРМОДИНАМИКА
ГЕОЛОГИЯ	

85 - Émotions

```
Ю П С Б С Б Р Г Ъ Ъ П С Ы О
С Х П К И Л А Ж Ш Д Е Ю Н Б
О Ю О С М А С Е О М Ч Р Е Л
Д Е К Т П Г С К К Л А П Ж Е
Е Ю О Р А О Л У У К Л Р Н Г
Р Д Й А Т Д А Б Ц К Ь И О Ч
Ж О Н Х И А Б Ц Ф Я А З С Е
А В Ы Н Я Р Л Ю Б О В Ь Т Н
Н О Й Я Ь Н Е М И Р Ц Я Ь И
И Л О Е Р Ы Н Г Н Е В Н Ц Е
Е Е Ч Л Е Й Н Д О Б Р О Т А
Ф Н С Ь Ф Ф Ы Р А Д О С Т Ь
Л С П О К О Й С Т В И Е М Ч
С М У Щ Е Н Н Ы Й Я Н Д К Ь
```

ЛЮБОВЬ	СТРАХ
СПОКОЙНЫЙ	БЛАГОДАРНЫЙ
ГНЕВ	ОБЛЕГЧЕНИЕ
СОДЕРЖАНИЕ	ДОВОЛЕН
РАССЛАБЛЕННЫЙ	СЮРПРИЗ
СМУЩЕННЫЙ	СИМПАТИЯ
СКУКА	НЕЖНОСТЬ
ДОБРОТА	СПОКОЙСТВИЕ
РАДОСТЬ	ПЕЧАЛЬ
МИР	

86 - Géographie

```
Р Е Г И О Н Ш Ц А Г Ч С О Д
Ы Ю Ъ Ю О Ч Ш К П Ч Ы Т К Ж
Г К Г М Н Ж Ь Ы О Г Б Р Е С
Ю Т О М Е Р И Д И А Н А А П
Х Я Р Н О С Т Р О В М Н Н Ы
К Д А Г Т Ц Ю Ф С Б И А Х Ш
М О Р Е Ы И Т В В Щ Р Н Щ И
К З Щ Ш Е Л Н У Е А Ъ Н Д Р
О А Т Л А С С Е В Е Р Ш Ш О
Ф П Р Р А Ж Т Д Н П П Е Ю Т
Ы Я Я Т Ы Д Ц А Ы Т Х Ш Я А
Щ Д Ь Ш А Р Е К А У Щ Ч О А
В Ы С О Т А А М Г О Р О Д Ю
П О Л У С Ф Е Р А Ы Ы Ю Щ Я
```

ВЫСОТА	МИР
АТЛАС	ГОРА
КАРТА	СЕВЕР
КОНТИНЕНТ	ОКЕАН
РЕКА	ЗАПАД
ПОЛУСФЕРА	СТРАНА
ОСТРОВ	РЕГИОН
ШИРОТА	ЮГ
МОРЕ	ГОРОД
МЕРИДИАН	

87 - Danse

К	Е	Щ	Т	Щ	И	Ж	Ю	Ъ	Д	И	В	И	Ъ
М	У	З	Ы	К	А	Д	Р	Ч	В	П	Ы	С	И
Ъ	Д	Л	Т	Е	Л	О	А	А	И	Ъ	Р	К	Н
П	В	Я	Ь	П	О	З	А	Т	Ж	К	А	У	Ц
Р	Е	П	Е	Т	И	Ц	И	Я	Е	Г	З	С	Ъ
А	Щ	Ы	Ъ	К	У	Ч	Щ	Ш	Н	Ю	И	С	Т
Ш	Х	Б	У	Т	Г	Р	А	Ц	И	Я	Т	Т	Э
А	Ш	У	О	Я	В	Ю	Н	Ф	Е	П	Е	В	М
К	У	Л	Ь	Т	У	Р	А	Ы	Ш	А	Л	О	О
Р	А	Д	О	С	Т	Н	Ы	Й	Й	Р	Ь	Р	Ц
В	И	З	У	А	Л	Ь	Н	Ы	Й	Т	Н	И	И
А	К	А	Д	Е	М	И	Я	Х	Д	Н	Ы	Т	Я
Б	О	Д	Ф	Т	О	Г	Ъ	Ю	Д	Е	Й	М	П
Ц	Р	А	А	О	Т	П	Ж	Н	Ы	Р	В	Р	Ы

АКАДЕМИЯ	РАДОСТНЫЙ
ИСКУССТВО	ДВИЖЕНИЕ
ТЕЛО	МУЗЫКА
КУЛЬТУРА	ПАРТНЕР
КУЛЬТУРНЫЙ	ПОЗА
ВЫРАЗИТЕЛЬНЫЙ	РЕПЕТИЦИЯ
ЭМОЦИЯ	РИТМ
ГРАЦИЯ	ВИЗУАЛЬНЫЙ

88 - Bâtiments

```
С  Б  О  Л  Ь  Н  И  Ц  А  Т  Ф  С  У  П
К  С  Х  Т  П  И  И  Ь  В  К  П  У  Н  М
П  М  У  З  Е  Й  У  Ш  Е  Е  О  П  И  Р
Н  В  Ы  П  А  Л  А  Т  К  А  С  Е  В  М
Т  Я  В  Ы  Ю  Р  Ь  С  В  О  О  Р  Е  А
М  Е  З  А  В  О  Д  Т  А  Б  Л  М  Р  С
Т  З  А  М  О  К  Ш  А  Р  А  Ь  А  С  Т
Х  Ш  М  Т  Н  Ъ  В  Д  Т  Ш  С  Р  И  Е
К  Н  Б  Р  Р  Щ  Ц  И  И  Н  Т  К  Т  Р
И  Г  А  Р  А  Ж  Ф  О  Р  Я  В  Е  Е  С
Н  Ь  Р  Щ  Я  Ж  Л  Н  А  Ь  О  Т  Т  К
О  Б  С  Е  Р  В  А  Т  О  Р  И  Я  Ь  А
Л  А  Б  О  Р  А  Т  О  Р  И  Я  Д  А  Я
Т  Л  У  П  Н  Ф  В  Е  Л  Х  И  Х  П  О
```

ПОСОЛЬСТВО	ЛАБОРАТОРИЯ
КВАРТИРА	МУЗЕЙ
МАСТЕРСКАЯ	ОБСЕРВАТОРИЯ
ЗАМОК	СТАДИОН
КИНО	СУПЕРМАРКЕТ
ШКОЛА	ПАЛАТКА
ГАРАЖ	ТЕАТР
АМБАР	БАШНЯ
БОЛЬНИЦА	УНИВЕРСИТЕТ
ОТЕЛЬ	ЗАВОД

89 - Pêche

```
И  Л  Г  Ф  П  Р  Е  Н  Ю  Ц  Е  Ч  Ю  Г
О  И  В  Р  О  К  Ы  И  Х  У  Р  Р  Щ  П
Т  З  О  Б  О  Р  У  Д  О  В  А  Н  И  Е
Е  В  Е  С  М  Е  П  Ы  К  О  Б  Л  К  П
Р  М  П  Р  Ш  К  Я  Ж  Е  Д  Р  Н  О  О
П  Л  Я  Ж  О  А  Д  Х  А  А  Ю  Д  Р  В
Е  Л  О  Д  К  А  Е  Е  Н  Б  П  П  З  А
Н  Ы  Н  Ч  Е  Л  Ю  С  Т  Ь  Р  М  И  Р
И  П  Р  И  М  А  Н  К  А  Л  О  Ы  Н  С
Е  Л  Г  Ы  Р  Ж  К  Ч  В  П  В  Щ  А  Е
К  И  Л  Ш  Ф  С  Ю  Р  Ч  Р  О  А  Х  З
К  Л  С  Н  Р  Ш  И  У  Ю  Ш  Д  Л  Ю  О
У  Д  Ь  Н  Т  Е  Б  Ц  А  К  Е  Ш  Ы  Н
П  Р  Е  У  В  Е  Л  И  Ч  Е  Н  И  Е  Ю
```

ПРИМАНКА	РЕКА
ЛОДКА	ОЗЕРО
ЖАБРЫ	ЧЕЛЮСТЬ
КРЮК	ОКЕАН
ПОВАР	КОРЗИНА
ВОДА	ТЕРПЕНИЕ
ПРЕУВЕЛИЧЕНИЕ	ПЛЯЖ
ОБОРУДОВАНИЕ	ВЕС
ПРОВОД	СЕЗОН

90 - Activités et Loisirs

```
Б  Г  О  Н  О  Ч  Н  Ы  Й  П  К  Р  Ь  П
Е  П  Л  А  В  А  Н  И  Е  Ь  Ь  Ы  Н  Е
Й  О  Х  К  П  Х  И  Ф  Ж  К  В  Б  Ы  Ш
С  А  Д  О  В  О  Д  С  Т  В  О  Н  Р  И
Б  О  К  С  Ш  Б  П  Ю  Е  С  Л  А  Я  Й
О  А  Т  Е  Ч  Б  Р  Л  Н  Е  Е  Я  Н  Т
Л  У  С  Г  М  И  Т  С  Н  Р  Й  Л  И  У
Ь  К  Щ  К  О  П  Д  Ц  И  Ф  Б  О  Е  Р
Ю  Я  Ц  Ы  Е  Л  И  С  С  И  О  В  Щ  И
В  Ц  А  Ж  Ы  Т  Ь  Н  Е  Н  Л  Л  В  З
Ю  С  Г  Ч  Ч  К  Б  Ф  Г  Г  Ь  Я  Л  М
Е  Ж  В  Ш  Г  М  С  О  Ф  У  Т  Б  О  Л
Е  Р  А  С  С  Л  А  Б  Л  Я  Ю  Щ  И  Й
И  С  К  У  С  С  Т  В  О  Ъ  Ф  О  О  Н
```

ИСКУССТВО	ПЛАВАНИЕ
БЕЙСБОЛ	ХОББИ
БАСКЕТБОЛ	РЫБНАЯ ЛОВЛЯ
БОКС	НЫРЯНИЕ
КЕМПИНГ	ПЕШИЙ ТУРИЗМ
ГОНОЧНЫЙ	РАССЛАБЛЯЮЩИЙ
ФУТБОЛ	СЕРФИНГ
ГОЛЬФ	ТЕННИС
САДОВОДСТВО	ВОЛЕЙБОЛ

91 - Livres

```
У Р Ц С Л О В А А Ж Г Ю Ю Я
С Н А П И С А Н О А В Ц Д У
У Н И С Т О Р И Ч Е С К И Й
М Б Р Ю Е Х М Ь Ж А П А Ц Ч
Е П О Г Р У Ж Е Н И Е В Н И
С О М И А К Щ А С Ш Ь Т Ж Т
Т Э А С Т К О Я Ц А Х О С А
Н З Н Т У Е О Л С Ж У Р Е Т
Ы И Г О Р Н Б Н Л Т Ч Д Р Е
Й Я Ц Р Н П Ь Ш Т Е И К И Л
Д Г Ч И Ы В В Г Щ Е К Х И Ь
Д Л Ю Я Й Ы А П Б П К Ц Я В
П Р И К Л Ю Ч Е Н И Е С И Ц
Э П И Ч Е С К И Й Ъ А Щ Т Я
```

АВТОР	ЧИТАТЕЛЬ
ПРИКЛЮЧЕНИЕ	ЛИТЕРАТУРНЫЙ
КОЛЛЕКЦИЯ	СЛОВА
КОНТЕКСТ	УМЕСТНЫЙ
НАПИСАНО	СТИХ
ЭПИЧЕСКИЙ	ПОЭЗИЯ
ИСТОРИЯ	РОМАН
ИСТОРИЧЕСКИЙ	СЕРИИ
ПОГРУЖЕНИЕ	

92 - Pays #2

```
К Ь А Д В У А Щ С Г Л Ф М Р
П И Ж Я Р Г Л С У Х А Х Я О
С А Т М К А Б И Д Ф О И Т С
М Ж К А Ы Н А Р А И С И Т С
Ж Б Ф И Й Д Н И Н Д К Р У И
О В Н Щ С А И Я Я А Е Л К Я
Х Ь Л Ж Ф Т Я П П Н Н А Р М
М Х Ы Б Р Ц А О Т И И Н А А
Е С О М А Л И Н Ч Я Я Д И Й
К У О Г Н В Ц И Ц Ц Ф И Н К
С Ф Х Ц Ц Д Е Я Ь У В Я А А
И П Ф Ш И Н Д О Н Е З И Я Л
К Л Ч Ъ Я Л И В А Н У Ы Б О
А Ю Ы Ш Н Р Н Щ Ф Ь М Ъ О В
```

АЛБАНИЯ	ЛАОС
КИТАЙ	ЛИВАН
ДАНИЯ	МЕКСИКА
ФРАНЦИЯ	УГАНДА
ГАИТИ	ПАКИСТАН
ИНДОНЕЗИЯ	РОССИЯ
ИРЛАНДИЯ	СОМАЛИ
ЯМАЙКА	СУДАН
ЯПОНИЯ	СИРИЯ
КЕНИЯ	УКРАИНА

93 - Fournitures d'Art

```
С С М А С Л О Ц Б Щ Е Т К И
Ю Т Я К К А М Е Р А Л Б Р А
Ц О У К Г Р Т П Ы Н А У Е К
К Л Х Л У Ы И Ц У Я С М А В
М Л А Ш Ц Б Ш Л Г Г Т А Т А
Х Ч Е Р Н И Л А О Ц И Г И Р
В Б Ч Й Ъ Д Ы Ф Л В К А В Е
Г Л И Н А Е Ь Ш Ь Е Ы Н Н Л
В О Д А Ф И Ю Ц Щ Т Н Й О И
М О Л Ь Б Е Р Т Ж А П С С М
Ш Г Б Ь П А С Т Е Л И Ъ Т У
Ь Ц А Ц У У Щ Ю Г К Б Ю Ь И
К А Р А Н Д А Ш И А А Р И Р
Ц Ю В Ъ Т Л В К С О Ъ Ъ Т Г
```

АКРИЛОВЫЙ	КАРАНДАШИ
АКВАРЕЛИ	КРЕАТИВНОСТЬ
ГЛИНА	ВОДА
ЩЕТКИ	ЧЕРНИЛА
КАМЕРА	ЛАСТИК
СТУЛ	МАСЛО
УГОЛЬ	ИДЕИ
МОЛЬБЕРТ	БУМАГА
КЛЕЙ	ПАСТЕЛИ
ЦВЕТА	СТОЛ

94 - Jouets

```
В  Ц  И  Ь  Д  Ю  Л  Ц  Ц  О  Ы  Ю  Ю  К
О  И  Г  К  Ь  А  И  Щ  Л  П  Г  Ь  Ж  Р
О  Л  Р  Г  О  Л  О  В  О  Л  О  М  К  А
Б  Т  Ы  С  М  Ъ  Ч  П  О  Е  З  Д  Х  С
Р  В  Ф  Х  А  М  К  Т  Л  Д  А  Ш  Ч  К
А  Е  В  Р  К  М  К  В  Е  О  М  Я  Ч  И
Ж  Л  Г  Р  У  З  О  В  И  К  Д  О  Ч  Р
Е  О  Л  О  Щ  А  С  Л  В  Б  Л  К  Ш  Е
Н  С  И  Б  С  А  Ф  У  Е  Ъ  Ю  Н  А  М
И  И  Н  О  К  У  К  Л  А  Т  Б  И  Х  Е
Е  П  А  Т  Х  Е  Ю  Ц  Ь  В  И  Г  М  С
Х  Е  Б  А  Р  А  Б  А  Н  Ы  М  И  А  Л
И  Д  Ф  Ц  Ы  К  К  Ш  Ж  Р  Ы  С  Т  А
А  В  Т  О  М  О  Б  И  Л  Ь  Й  Б  Ы  Е
```

ГЛИНА	КНИГИ
РЕМЕСЛА	КРАСКИ
САМОЛЕТ	КУКЛА
МЯЧ	ГОЛОВОЛОМКА
ЛОДКА	РОБОТ
ГРУЗОВИК	БАРАБАНЫ
ШАХМАТЫ	ПОЕЗД
ЛЮБИМЫЙ	ВЕЛОСИПЕД
ВООБРАЖЕНИЕ	АВТОМОБИЛЬ
ИГРЫ	

95 - Eau

```
Г  Щ  Ъ  Ю  П  Г  С  С  Т  Ф  Ы  Т  Р  Р
Р  В  Ф  Ы  К  А  Н  А  Л  Л  Ь  Ы  Е  В
П  И  О  О  Д  Л  Е  Д  О  Ж  Д  Ь  К  Х
Ц  С  Т  Л  Г  У  Г  П  Д  Р  Д  П  А  Р
В  П  О  Ж  Н  И  Ш  П  А  Ч  М  Ж  Ж  П
Л  А  М  З  Х  Ы  О  Я  Т  Ю  Р  Д  Н  И
А  Р  О  Ь  Е  К  П  У  Ы  К  Д  О  В  Т
Ж  Е  Р  Ж  В  Р  М  Г  Е  Й  З  Е  Р  Ь
Н  Н  О  М  Ч  Г  О  Р  О  Ш  Е  Н  И  Е
О  И  З  У  Р  А  Г  А  Н  Д  И  Х  Я  В
С  Е  Д  С  Ь  У  Е  Б  Г  Ж  М  П  М  О
Т  Ц  С  С  К  О  Р  Ч  О  Е  Б  Х  И  Й
Ь  Г  П  О  Н  А  В  О  Д  Н  Е  Н  И  Е
Л  Ж  Я  Н  Ш  И  Ю  О  К  Е  А  Н  К  О
```

КАНАЛ	ОЗЕРО
ДУШ	МУССОН
ИСПАРЕНИЕ	СНЕГ
РЕКА	ОКЕАН
МОРОЗ	УРАГАН
ГЕЙЗЕР	ДОЖДЬ
ЛЕД	ПИТЬЕВОЙ
ВЛАЖНОСТЬ	ВОЛНЫ
НАВОДНЕНИЕ	ПАР
ОРОШЕНИЕ	

96 - Paysages

С	Т	Ь	Я	Б	Ц	Ж	Л	Ж	Н	Ы	И	Л	Ф
Ч	П	У	С	Т	Ы	Н	Я	Ж	О	А	З	И	С
Щ	Е	Ц	Н	К	Х	Г	В	О	Д	О	П	А	Д
П	В	Я	Г	Д	Х	Ю	Я	Ь	К	Е	Ю	М	Ц
Х	О	Л	М	В	Р	Г	О	Р	А	Е	Л	Х	А
Д	О	Л	И	Н	А	А	П	Л	Х	В	А	Ц	Й
Г	Г	Е	У	Ъ	Д	Ч	Л	Е	В	У	Ь	Н	С
Ъ	Е	М	Л	О	Ц	Р	Я	Д	Ъ	Л	П	П	Б
Ж	Й	А	Ш	Б	С	Т	Ж	Н	Р	К	Ы	Ф	Е
Б	З	У	Ъ	Х	К	Т	Н	И	Е	А	Ф	Г	Р
П	Е	Щ	Е	Р	А	В	Р	К	К	Н	Я	Д	Г
М	Р	О	З	Е	Р	О	Ы	О	А	А	К	У	Ц
О	С	Т	Р	О	В	Ъ	Ч	А	В	П	Х	Р	Б
М	О	Р	Е	Е	А	Ъ	Б	О	Л	О	Т	О	Х

ВОДОПАД	БОЛОТО
ХОЛМ	МОРЕ
ПУСТЫНЯ	ГОРА
РЕКА	ОАЗИС
ГЕЙЗЕР	ОКЕАН
ЛЕДНИК	ПОЛУОСТРОВ
ПЕЩЕРА	ПЛЯЖ
АЙСБЕРГ	ТУНДРА
ОСТРОВ	ДОЛИНА
ОЗЕРО	ВУЛКАН

97 - Nombres

```
Д В Е Н А Д Ц А Т Ь К Д В С
Е В О У К М В С Ь Р Л Е О Е
С Щ А С Ы Ш Т Е Д Ы П В С М
Я К Л В Е Щ Х М Д Я Ш Я Е Ь
Т Б Ф Н Б М Ф Н П И Е Т М Ч
И Л Е Ф Е Ъ Ь А О Я С Ь Н Е
Ч Е Т Ы Р Н А Д Ц А Т Ь А Т
Н Т Р И Н А Д Ц А Т Ь Ь Д Ы
Ы Л И Н У Л Ь А Т Ь Ц Д Ц Р
Й У Р Б Ч Б Ц Т Ц Л Б Е А Е
О Г С Ш Ю Щ Н Ь Н О Т С Т А
Ш Е С Т Н А Д Ц А Т Ь Я Ь Л
Д М Я П Я Т Н А Д Ц А Т Ь Д
Д В А Д Ц А Т Ь Ю Х Б Ь Л У
```

ПЯТЬ	ЧЕТЫРЕ
ДВА	ПЯТНАДЦАТЬ
ДЕСЯТИЧНЫЙ	ШЕСТНАДЦАТЬ
ДЕСЯТЬ	СЕМЬ
ВОСЕМНАДЦАТЬ	ШЕСТЬ
СЕМНАДЦАТЬ	ТРИНАДЦАТЬ
ДВЕНАДЦАТЬ	ТРИ
ВОСЕМЬ	ДВАДЦАТЬ
ДЕВЯТЬ	НУЛЬ
ЧЕТЫРНАДЦАТЬ	

98 - Nature

```
С Е К Ш Т К Д Г Ф Ц Ф Ж С К
В Д Д Ж И Т И О Б Л А К А Р
Я Ц А И И У К Р Ы Т И Е Х А
Т О Ф В Н М И Ы Б Ы Ю Ы Ф С
И Л А О Х А Й Л Е Д Н И К О
Л У Ш Т П Н М М В И А Л К Т
И Д А Н Ш У Ф И И Л Е С И А
Щ Э Н Ы Я Ь С У Ч Р Ш Т В С
Е Р Т Е Ф Я Р Т И Е Н Х Х Д
Н О Л И П Ч Е Л Ы А С Ы Ц Ы
Р З Я Ч Л М К Х Ф Н Т К Й Ц
Л И С Т В А А Д У Щ Я Ф И Б
Ц Я А Р К Т И Ч Е С К И Й Й
Б Е З М Я Т Е Ж Н Ы Й П Л Ю
```

ПЧЕЛЫ	РЕКА
УКРЫТИЕ	ЛЕС
ЖИВОТНЫЕ	ЛЕДНИК
АРКТИЧЕСКИЙ	ГОРЫ
КРАСОТА	ОБЛАКА
ТУМАН	МИРНЫЙ
ПУСТЫНЯ	СВЯТИЛИЩЕ
ДИНАМИЧЕСКИЙ	ДИКИЙ
ЭРОЗИЯ	БЕЗМЯТЕЖНЫЙ
ЛИСТВА	

99 - Bateaux

```
Д  А  И  Б  Ф  В  О  Р  Э  И  Ы  Р  Щ  У
О  В  Н  Ъ  Ю  Ъ  П  Т  К  М  М  П  К  Ф
К  Ф  И  Х  Х  С  Б  В  И  В  О  Л  Н  Ы
А  Я  Д  Г  М  М  Ц  Я  П  Г  Р  Р  Щ  В
Н  Р  К  П  А  Р  О  М  А  Р  С  Д  Е  Е
О  Е  Я  О  Я  Т  Ч  Ю  Ж  У  К  О  Н  Р
Э  К  Д  Б  Р  Ж  Е  Я  М  Ц  О  К  П  Е
Ф  А  О  Р  Щ  Ь  М  Л  Б  У  Й  Е  Л  В
М  А  Ч  Т  А  С  О  С  Ь  И  Б  А  О  К
О  Я  Б  Ч  Р  П  Р  И  Л  И  В  Н  Т  А
З  Х  Д  Ы  Р  Е  Я  Н  Ъ  Ч  С  С  И  Ч
Е  Т  Ч  С  Н  А  К  Ц  Б  Ж  К  А  Я  К
Р  А  Т  Щ  Н  С  Т  Л  Я  Ж  Б  Х  Л  Р
О  Ч  П  Н  Ц  Ф  К  Н  Л  Ж  В  Ю  Ж  Я
```

ЯКОРЬ	ПРИЛИВ
БУЙ	МОРЯК
КАНОЭ	МАЧТА
ВЕРЕВКА	МОРЕ
ДОК	ДВИГАТЕЛЬ
ЭКИПАЖ	МОРСКОЙ
ПАРОМ	ОКЕАН
РЕКА	ПЛОТ
КАЯК	ВОЛНЫ
ОЗЕРО	ЯХТА

100 - Mesures

```
В  Г  Г  Д  Л  Л  С  Л  А  Т  Г  Ч  С  Ф
Л  Е  Ь  Ч  Д  М  Е  Я  В  О  Л  О  А  Ж
С  Ж  С  К  Т  Ъ  Ъ  У  У  Н  У  Б  Н  Т
Р  Ц  Ф  О  В  Ь  Ч  Е  Е  Н  Б  Ъ  Т  Ь
Х  Б  Б  В  Д  Л  И  Н  А  А  И  Е  И  К
Х  Е  Г  Ы  И  Ю  К  Ф  Ч  Л  Н  М  М  М
Р  К  С  С  Ж  Ц  Й  Щ  Ж  И  А  Л  Е  А
К  И  Л  О  Г  Р  А  М  М  Т  Б  М  Т  С
Д  Л  Л  Т  Р  Ш  П  Е  Ц  Р  Е  А  Р  С
Ъ  О  К  А  А  И  Ъ  Т  Ч  А  Ш  Л  Й  А
С  М  Ъ  Ч  М  Р  Ю  Р  Л  В  А  Р  Е  Т
А  Е  Р  И  М  И  С  Т  Е  П  Е  Н  Ь  Ч
Н  Т  Ъ  М  И  Н  У  Т  А  О  Е  Ш  У  М
У  Р  В  Д  Д  А  М  Е  У  Н  Ц  И  Я  Ы
```

САНТИМЕТР	МЕТР
СТЕПЕНЬ	МИНУТА
ГРАММ	БАЙТ
ВЫСОТА	УНЦИЯ
КИЛОГРАММ	ВЕС
КИЛОМЕТР	ДЮЙМ
ШИРИНА	ГЛУБИНА
ЛИТР	ТОННА
ДЛИНА	ОБЪЕМ
МАССА	

1 - Été

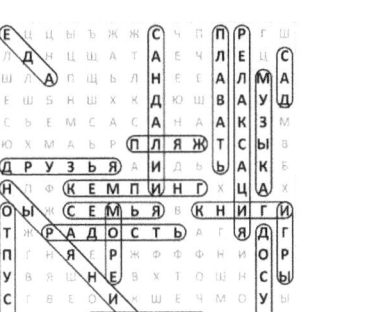

2 - Adjectifs #2

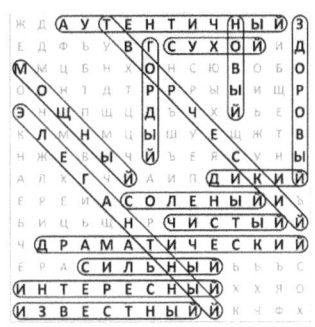

3 - Formes

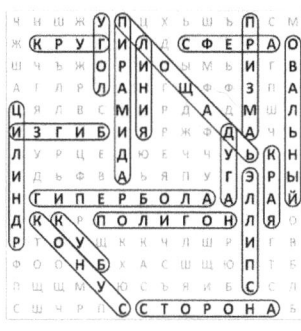

4 - Salle de Bains

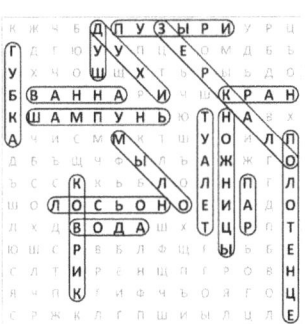

5 - Adjectifs #1

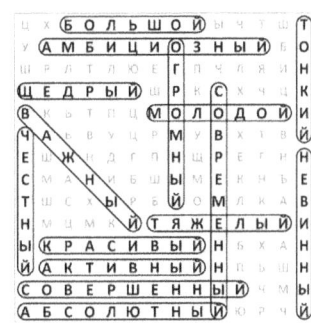

6 - Instruments de Musique

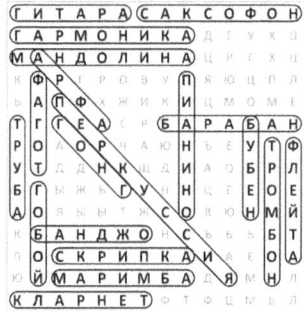

7 - Échecs

8 - Herboristerie

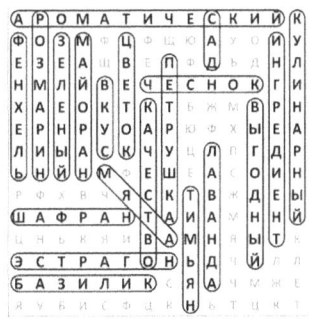

9 - Véhicules

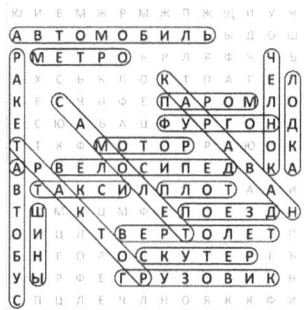

10 - Camping

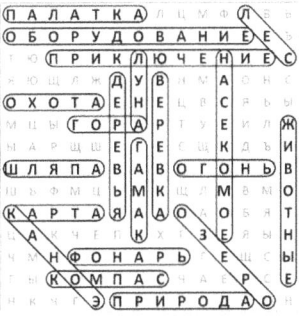

11 - Écologie

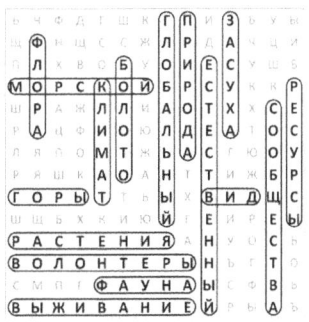

12 - Astronomie

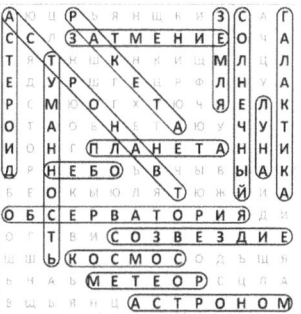

13 - Types de Cheveux

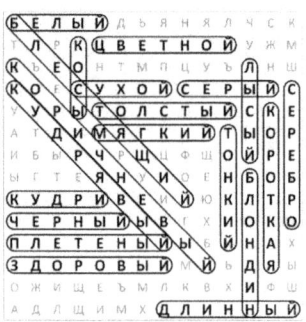

14 - Restaurant #1

15 - Mammifères

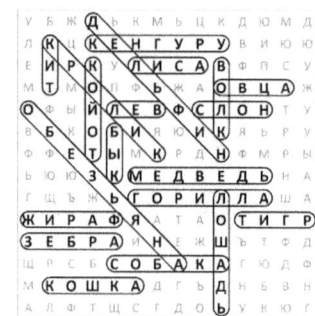

16 - Sports

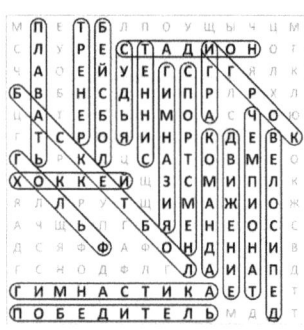

17 - Chocolat

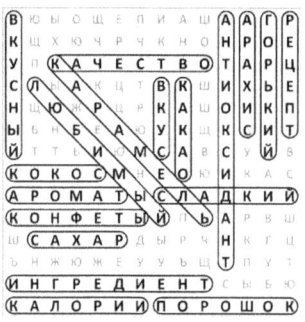

18 - Mathématiques

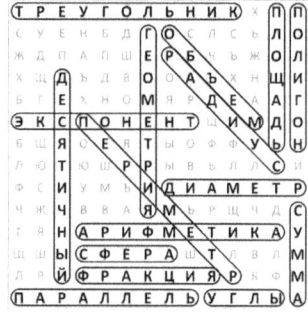

19 - Mythologie

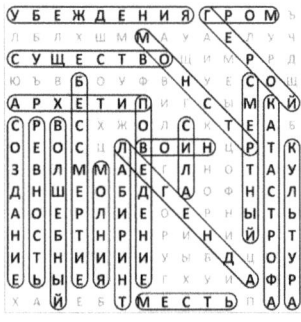

20 - Restaurant #2

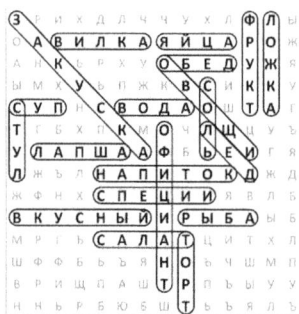

21 - Couleurs

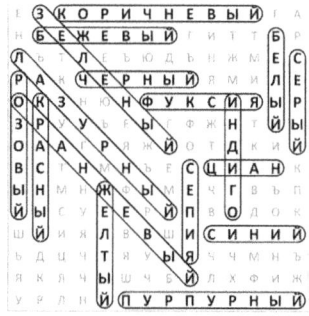

22 - Avions

23 - Aventure

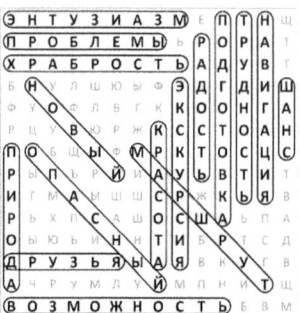

24 - Ville

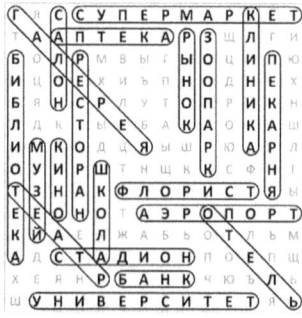

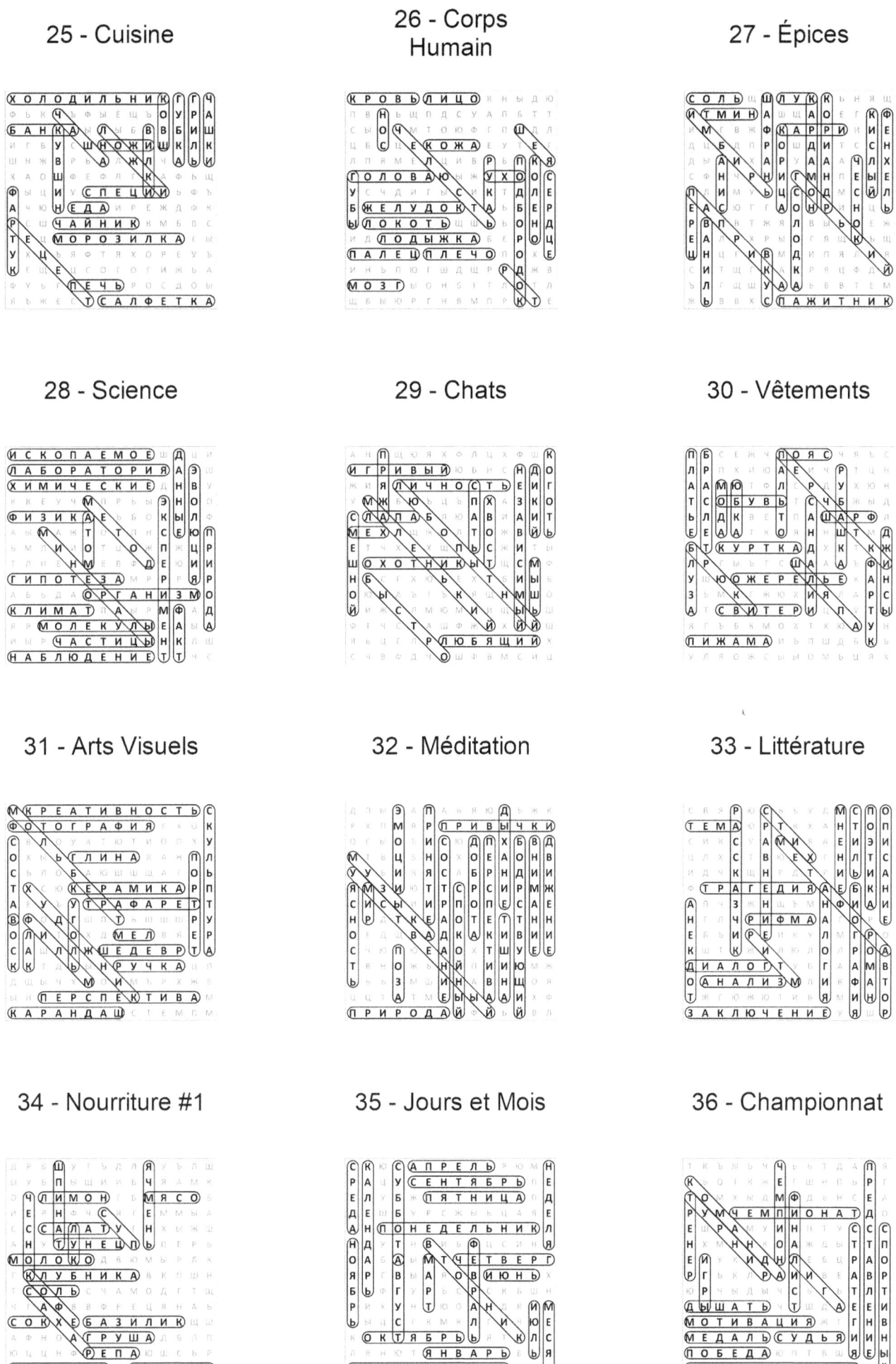

25 - Cuisine

26 - Corps Humain

27 - Épices

28 - Science

29 - Chats

30 - Vêtements

31 - Arts Visuels

32 - Méditation

33 - Littérature

34 - Nourriture #1

35 - Jours et Mois

36 - Championnat

37 - Pirates

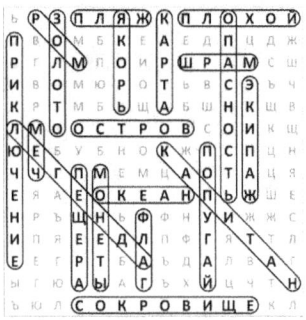

38 - Activités

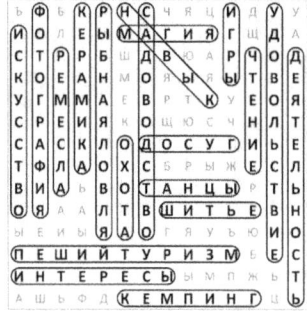

39 - Fleurs

40 - Nourriture #2

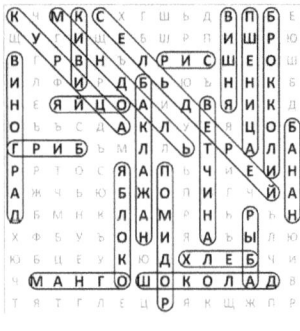

41 - Océan

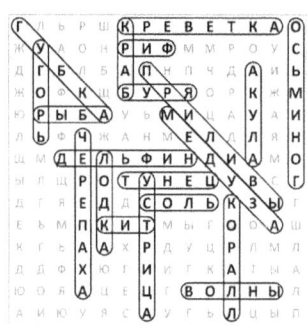

42 - Remplir

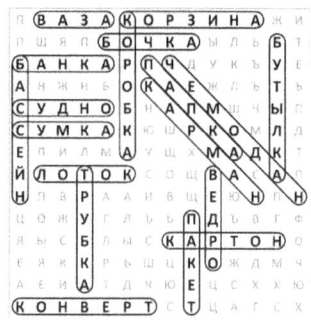

43 - Ballet

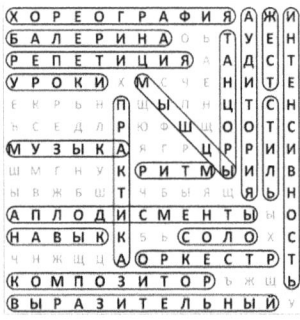

44 - Fruit

45 - Surf

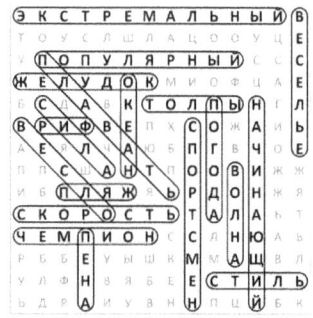

46 - Technologie

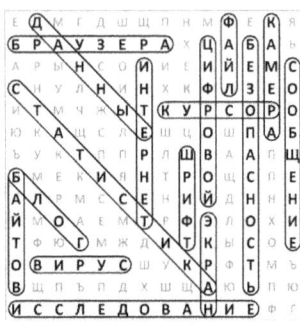

47 - Comédie

48 - Météo

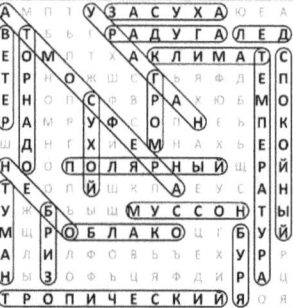

49 - Châteaux

50 - Randonnée

51 - Meubles

52 - Art

53 - Nutrition

54 - Science Fiction

55 - Vertus #1

56 - Professions #1

57 - Géologie

58 - Cirque

59 - Jardin

60 - Barbecues

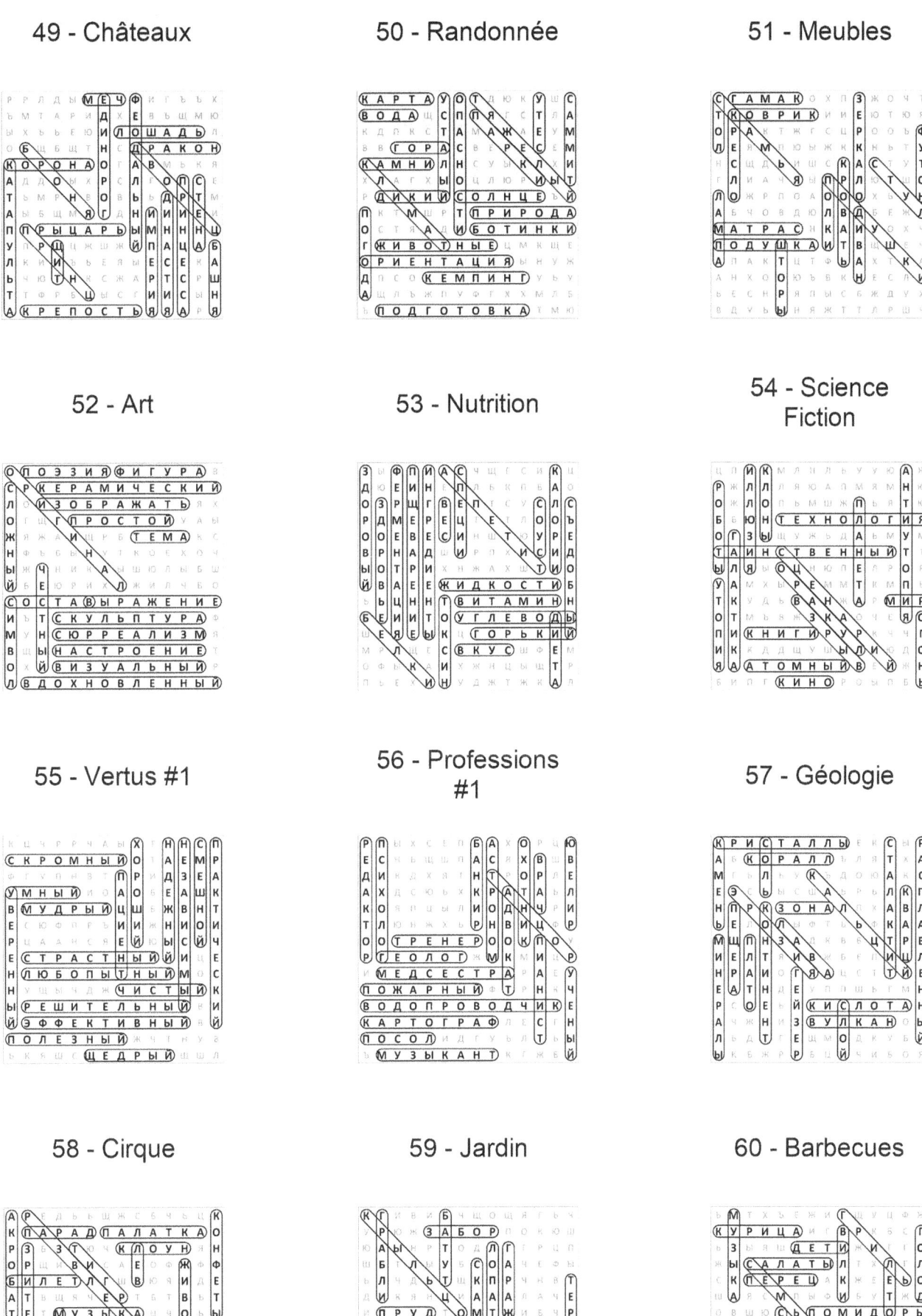

61 - Anniversaire

62 - Animaux de Compagnie

63 - Forêt Tropicale

64 - Insectes

65 - Ferme #1

66 - Escalade

67 - École #2

68 - Antarctique

69 - Professions #2

70 - Les Abeilles

71 - Dinosaures

72 - Automne

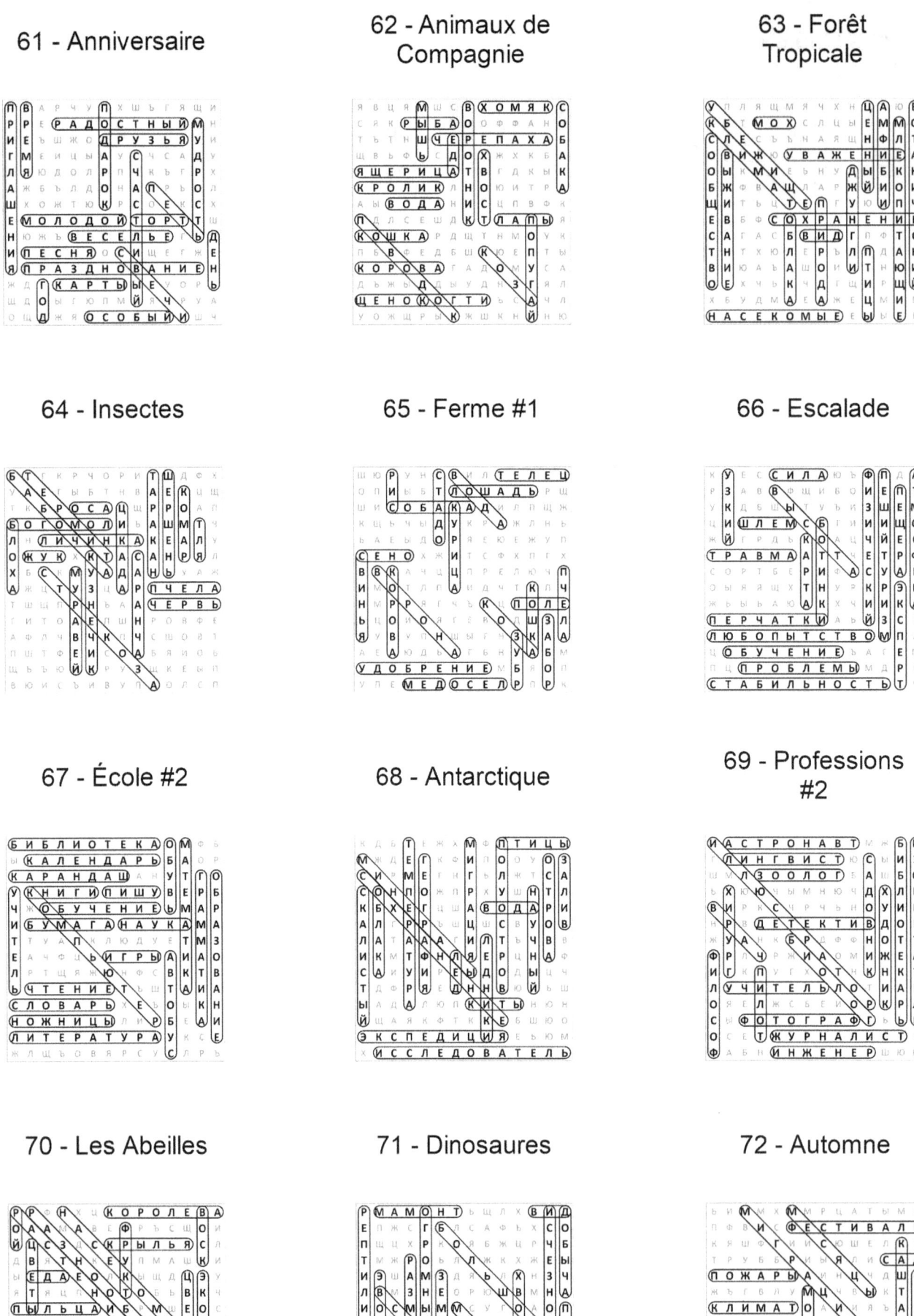

73 - Conduite

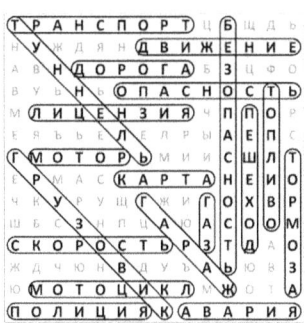

74 - Plantes

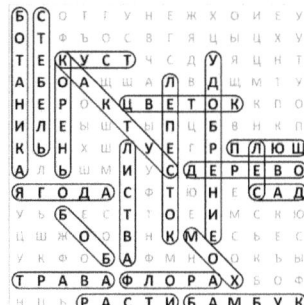

75 - Ferme #2

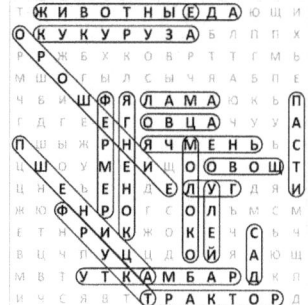

76 - École #1

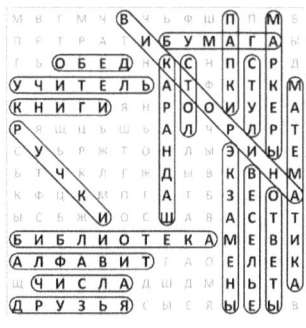

77 - Vacances #2

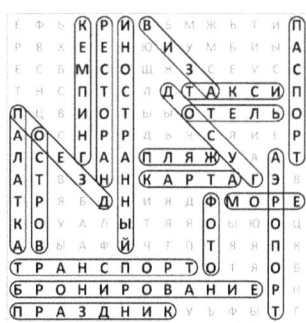

78 - Temps

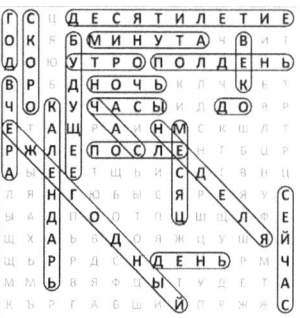

79 - Maison

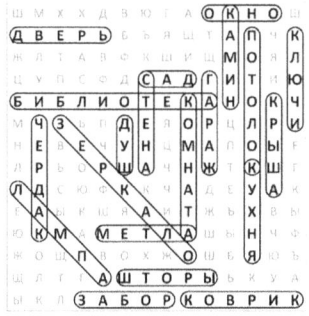

80 - Légumes

81 - Plage

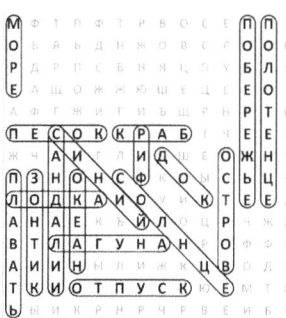

82 - Famille

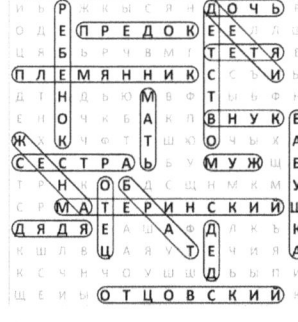

83 - Oiseaux

84 - Disciplines Scientifiques

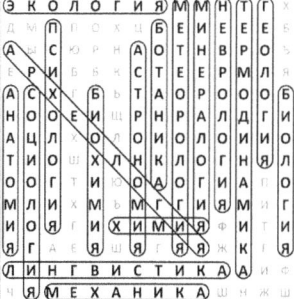

85 - Émotions

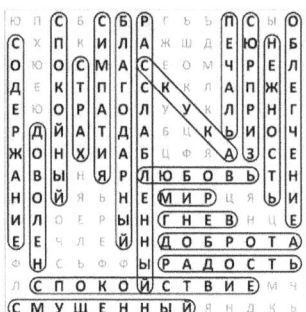

86 - Géographie

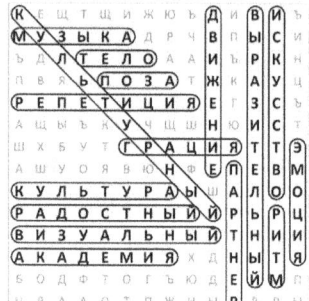

87 - Danse

88 - Bâtiments

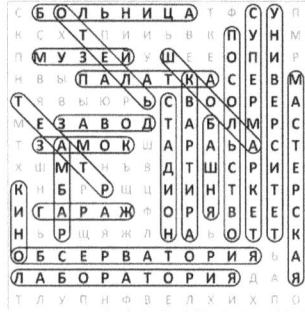

89 - Pêche

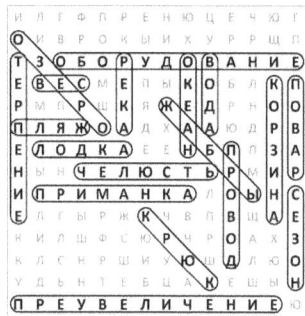

90 - Activités et Loisirs

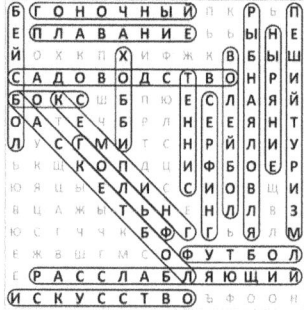

91 - Livres

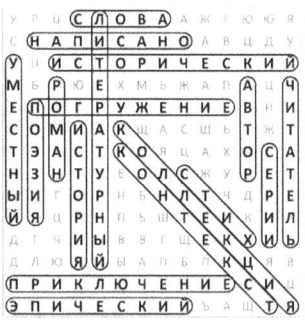

92 - Pays #2

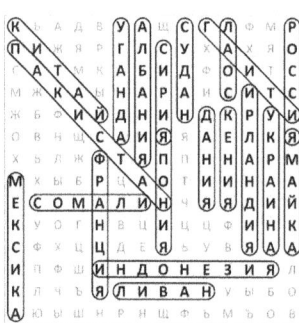

93 - Fournitures d'Art

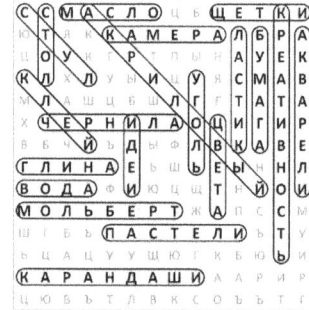

94 - Jouets

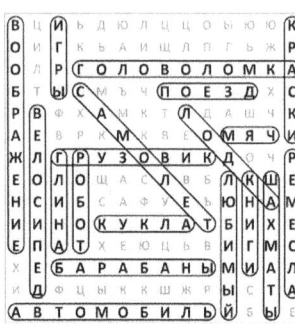

95 - Eau

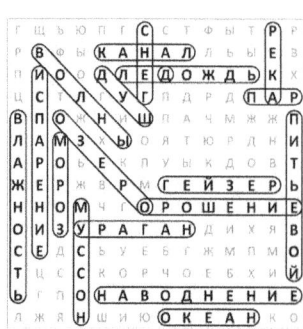

96 - Paysages

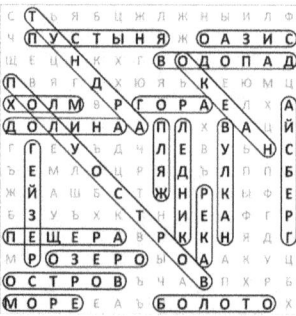

97 - Nombres

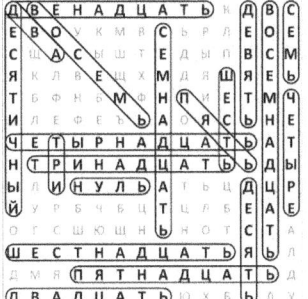

98 - Nature

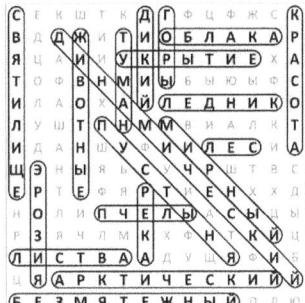

99 - Bateaux

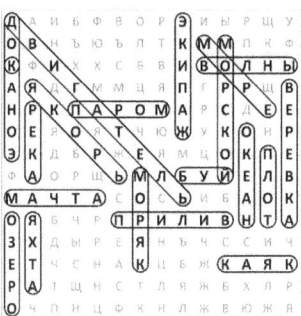

100 - Mesures

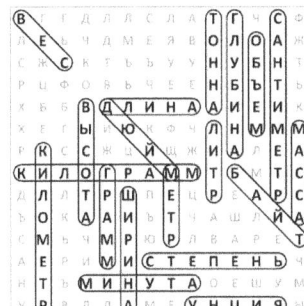

Dictionnaire

Activités
Виды Деятельности

Activité	Деятельность
Art	Искусство
Artisanat	Ремесла
Camping	Кемпинг
Céramique	Керамика
Chasse	Охота
Compétence	Навык
Couture	Шитье
Danse	Танцы
Intérêts	Интересы
Jardinage	Садоводство
Jeux	Игры
Lecture	Чтение
Loisir	Досуг
Magie	Магия
Pêche	Рыбная Ловля
Photographie	Фотография
Plaisir	Удовольствие
Randonnée	Пеший Туризм
Relaxation	Релаксация

Activités et Loisirs
Развлечения и Досуг

Art	Искусство
Base-Ball	Бейсбол
Basket-Ball	Баскетбол
Boxe	Бокс
Camping	Кемпинг
Course	Гоночный
Football	Футбол
Golf	Гольф
Jardinage	Садоводство
Nager	Плавание
Passe-Temps	Хобби
Pêche	Рыбная Ловля
Plongée	Ныряние
Randonnée	Пеший Туризм
Relaxant	Расслабляющий
Surf	Серфинг
Tennis	Теннис
Volley-Ball	Волейбол

Adjectifs #1
Прилагательные #1

Absolu	Абсолютный
Actif	Активный
Ambitieux	Амбициозный
Aromatique	Ароматический
Beau	Красивый
Exotique	Экзотический
Énorme	Огромный
Généreux	Щедрый
Grand	Большой
Honnête	Честный
Identique	Идентичный
Important	Важный
Innocent	Невинный
Jeune	Молодой
Lent	Медленный
Lourd	Тяжелый
Mince	Тонкий
Moderne	Современный
Parfait	Совершенный
Utile	Полезный

Adjectifs #2
Прилагательные #2

Authentique	Аутентичный
Célèbre	Известный
Créatif	Творческий
Descriptif	Описательный
Doué	Одаренный
Dramatique	Драматический
Élégant	Элегантный
Fier	Гордый
Fort	Сильный
Intéressant	Интересный
Naturel	Естественный
Nouveau	Новый
Productif	Продуктивный
Puissant	Мощный
Pur	Чистый
Responsable	Ответственный
Sain	Здоровый
Salé	Соленый
Sauvage	Дикий
Sec	Сухой

Animaux de Compagnie
Домашние Животные

Chat	Кошка
Chèvre	Коза
Chien	Собака
Chiot	Щенок
Collier	Воротник
Eau	Вода
Griffes	Когти
Hamster	Хомяк
Laisse	Поводок
Lapin	Кролик
Lézard	Ящерица
Nourriture	Еда
Pattes	Лапы
Perroquet	Попугай
Poisson	Рыба
Queue	Хвост
Souris	Мышь
Tortue	Черепаха
Vache	Корова
Vétérinaire	Ветеринар

Anniversaire
День Рождения

Amis	Друзья
Amusement	Веселье
Année	Год
Bougies	Свечи
Cadeau	Подарок
Calendrier	Календарь
Cartes	Карты
Chanson	Песня
Chanter	Петь
Fête	Празднование
Gâteau	Торт
Heureux	Счастливый
Invitations	Приглашения
Jeune	Молодой
Jour	День
Joyeux	Радостный
Né	Рожденный
Sagesse	Мудрость
Spécial	Особый
Temps	Время

Antarctique
Антарктида

Baie	Залив
Baleines	Киты
Chercheur	Исследователь
Conservation	Сохранение
Continent	Континент
Eau	Вода
Expédition	Экспедиция
Géographie	География
Glace	Лед
Glaciers	Ледники
Îles	Острова
Migration	Миграция
Minéraux	Минералы
Nuage	Облака
Oiseaux	Птицы
Péninsule	Полуостров
Rocheux	Скалистый
Scientifique	Научный
Température	Температура
Topographie	Топография

Art
Искусство

Céramique	Керамический
Complexe	Сложный
Composition	Состав
Dépeindre	Изображать
Expression	Выражение
Figure	Фигура
Honnête	Честный
Humeur	Настроение
Inspiré	Вдохновленный
Original	Оригинал
Poésie	Поэзия
Sculpture	Скульптура
Simple	Простой
Sujet	Тема
Surréalisme	Сюрреализм
Symbole	Символ
Visuel	Визуальный

Arts Visuels
Изобразительное Искусство

Architecture	Архитектура
Argile	Глина
Artiste	Художник
Céramique	Керамика
Charbon	Уголь
Chef-D'Œuvre	Шедевр
Chevalet	Мольберт
Cire	Воск
Composition	Состав
Craie	Мел
Crayon	Карандаш
Créativité	Креативность
Film	Фильм
Perspective	Перспектива
Photographie	Фотография
Pochoir	Трафарет
Portrait	Портрет
Sculpture	Скульптура
Stylo	Ручка
Vernis	Лак

Astronomie
Астрономия

Astéroïde	Астероид
Astronaute	Астронавт
Astronome	Астроном
Ciel	Небо
Constellation	Созвездие
Cosmos	Космос
Éclipse	Затмение
Équinoxe	Равноденствие
Fusée	Ракета
Galaxie	Галактика
Lune	Луна
Météore	Метеор
Nébuleuse	Туманность
Observatoire	Обсерватория
Planète	Планета
Radiation	Излучение
Solaire	Солнечный
Supernova	Сверхновая
Terre	Земля
Univers	Вселенная

Automne
Осень

Caduc	Лиственный
Châtaignes	Каштаны
Climat	Климат
Équinoxe	Равноденствие
Festival	Фестиваль
Feux	Пожары
Gel	Мороз
Gland	Желудь
Météo	Погода
Migration	Миграция
Mois	Месяцы
Nature	Природа
Pommes	Яблоки
Saisonnier	Сезонный
Verger	Сад
Vêtements	Одежда

Aventure
Приключение

Activité	Деятельность
Amis	Друзья
Beauté	Красота
Bravoure	Храбрость
Chance	Шанс
Dangereux	Опасный
Défis	Проблемы
Difficulté	Трудность
Enthousiasme	Энтузиазм
Excursion	Экскурсия
Inhabituel	Необычный
Itinéraire	Маршрут
Joie	Радость
Nature	Природа
Navigation	Навигация
Nouveau	Новый
Opportunité	Возможность
Préparation	Подготовка
Sécurité	Безопасность

Avions
Самолеты

Air	Воздух
Atmosphère	Атмосфера
Atterrissage	Посадка
Aventure	Приключение
Ballon	Воздушный Шар
Carburant	Топливо
Ciel	Небо
Construction	Строительство
Descente	Спуск
Design	Дизайн
Direction	Направление
Équipage	Экипаж
Gonfler	Надувать
Hauteur	Высота
Hélices	Пропеллеры
Histoire	История
Hydrogène	Водород
Moteur	Двигатель
Passager	Пассажир
Pilote	Пилот

Ballet
Балет

Applaudissement	Аплодисменты
Ballerine	Балерина
Chorégraphie	Хореография
Compétence	Навык
Compositeur	Композитор
Danseurs	Танцоры
Expressif	Выразительный
Geste	Жест
Intensité	Интенсивность
Leçons	Уроки
Muscles	Мышцы
Musique	Музыка
Orchestre	Оркестр
Pratique	Практика
Public	Аудитория
Répétition	Репетиция
Rythme	Ритм
Solo	Соло
Style	Стиль
Technique	Техника

Barbecues
Барбекю

Chaud	Горячий
Couteaux	Ножи
Déjeuner	Обед
Enfants	Дети
Été	Лето
Faim	Голод
Famille	Семья
Fourchettes	Вилки
Fruit	Фрукт
Gril	Гриль
Jeux	Игры
Légumes	Овощи
Musique	Музыка
Oignons	Лук
Poivre	Перец
Poulet	Курица
Salades	Салаты
Sauce	Соус
Sel	Соль
Tomates	Помидоры

Bateaux
Лодки

Ancre	Якорь
Bouée	Буй
Canoë	Каноэ
Corde	Веревка
Dock	Док
Équipage	Экипаж
Ferry	Паром
Fleuve	Река
Kayak	Каяк
Lac	Озеро
Marée	Прилив
Marin	Моряк
Mât	Мачта
Mer	Море
Moteur	Двигатель
Nautique	Морской
Océan	Океан
Radeau	Плот
Vagues	Волны
Yacht	Яхта

Bâtiments
Здания

Ambassade	Посольство
Appartement	Квартира
Atelier	Мастерская
Château	Замок
Cinéma	Кино
École	Школа
Garage	Гараж
Grange	Амбар
Hôpital	Больница
Hôtel	Отель
Laboratoire	Лаборатория
Musée	Музей
Observatoire	Обсерватория
Stade	Стадион
Supermarché	Супермаркет
Tente	Палатка
Théâtre	Театр
Tour	Башня
Université	Университет
Usine	Завод

Camping
Кемпинг

Animaux	Животные
Arbres	Деревья
Aventure	Приключение
Boussole	Компас
Canoë	Каноэ
Carte	Карта
Chapeau	Шляпа
Chasse	Охота
Corde	Веревка
Équipement	Оборудование
Feu	Огонь
Forêt	Лес
Hamac	Гамак
Insecte	Насекомое
Lac	Озеро
Lanterne	Фонарь
Lune	Луна
Montagne	Гора
Nature	Природа
Tente	Палатка

Championnat
Чемпионат

Champion	Чемпион
Championnat	Чемпионат
Endurance	Выносливость
Entraîneur	Тренер
Équipe	Команда
Finaliste	Финалист
Jeux	Игры
Juge	Судья
Ligue	Лига
Médaille	Медаль
Motivation	Мотивация
Performance	Представление
Respirer	Дышать
Sports	Спортивный
Stratégie	Стратегия
Tournoi	Турнир
Victoire	Победа

Chats
Кошки

Affectueux	Любящий
Chasseur	Охотник
Curieux	Любопытный
Dormir	Спать
Drôle	Смешной
Espiègle	Игривый
Fil	Пряжа
Fou	Сумасшедший
Fourrure	Мех
Griffe	Коготь
Indépendant	Независимый
Patte	Лапа
Personnalité	Личность
Peu	Маленький
Queue	Хвост
Rapide	Быстро
Sauvage	Дикий
Souris	Мышь
Timide	Застенчивый

Châteaux
Замки

Armure	Броня
Bouclier	Щит
Catapulte	Катапульта
Cheval	Лошадь
Chevalier	Рыцарь
Couronne	Корона
Dragon	Дракон
Dynastie	Династия
Empire	Империя
Épée	Меч
Féodal	Феодальный
Forteresse	Крепость
Licorne	Единорог
Mur	Стена
Noble	Благородный
Palais	Дворец
Prince	Принц
Princesse	Принцесса
Royaume	Королевство
Tour	Башня

Chocolat
Шоколад

Amer	Горький
Antioxydant	Антиоксидант
Arôme	Аромат
Bonbon	Конфеты
Cacahuètes	Арахис
Cacao	Какао
Calories	Калории
Caramel	Карамель
Délicieux	Вкусный
Doux	Сладкий
Exotique	Экзотический
Favori	Любимый
Goût	Вкус
Ingrédient	Ингредиент
Noix de Coco	Кокос
Poudre	Порошок
Qualité	Качество
Recette	Рецепт
Sucre	Сахар

Cirque
Цирк

Acrobate	Акробат
Animaux	Животные
Astuce	Обманывать
Billet	Билет
Bonbon	Конфеты
Clown	Клоун
Costume	Костюм
Divertir	Развлекать
Éléphant	Слон
Jongleur	Жонглер
Lion	Лев
Magicien	Маг
Magie	Магия
Montrer	Показать
Musique	Музыка
Parade	Парад
Singe	Обезьяна
Spectateur	Зритель
Tente	Палатка
Tigre	Тигр

Comédie
Комедия

Acteur	Актер
Actrice	Актриса
Amusement	Веселье
Applaudissement	Аплодисменты
Blagues	Шутки
Clowns	Клоуны
Drôle	Смешной
Expressif	Выразительный
Genre	Жанр
Humour	Юмор
Improvisation	Импровизация
Intelligent	Умный
Parodie	Пародия
Public	Аудитория
Rire	Смех
Télévision	Телевидение
Théâtre	Театр

Conduite
Вождение

Accident	Авария
Camion	Грузовик
Carburant	Топливо
Carte	Карта
Danger	Опасность
Freins	Тормоза
Garage	Гараж
Gaz	Газ
Licence	Лицензия
Moteur	Мотор
Moto	Мотоцикл
Piéton	Пешеход
Police	Полиция
Route	Дорога
Sécurité	Безопасность
Trafic	Движение
Transport	Транспорт
Tunnel	Туннель
Vitesse	Скорость
Voiture	Автомобиль

Corps Humain
Тело Человека

Bouche	Рот
Cerveau	Мозг
Cheville	Лодыжка
Cou	Шея
Coude	Локоть
Cœur	Сердце
Doigt	Палец
Estomac	Желудок
Épaule	Плечо
Genou	Колено
Lèvres	Губы
Main	Рука
Mâchoire	Челюсть
Menton	Подбородок
Nez	Нос
Oreille	Ухо
Peau	Кожа
Sang	Кровь
Tête	Голова
Visage	Лицо

Couleurs
Цвета

Azur	Лазурный
Beige	Бежевый
Blanc	Белый
Bleu	Синий
Cyan	Циан
Fuchsia	Фуксия
Gris	Серый
Indigo	Индиго
Jaune	Желтый
Magenta	Пурпурный
Marron	Коричневый
Noir	Черный
Orange	Оранжевый
Rose	Розовый
Rouge	Красный
Sépia	Сепия
Vert	Зеленый
Violet	Фиолетовый

Cuisine
Кухня

Bol	Чаша
Bouilloire	Чайник
Congélateur	Морозилка
Couteaux	Ножи
Cruche	Кувшин
Cuillères	Ложки
Épices	Специи
Éponge	Губка
Four	Печь
Fourchettes	Вилки
Gril	Гриль
Louche	Ковш
Nourriture	Еда
Pot	Банка
Recette	Рецепт
Réfrigérateur	Холодильник
Serviette	Салфетка
Tablier	Фартук
Tasses	Чашки

Danse
Танец

Académie	Академия
Art	Искусство
Chorégraphie	Хореография
Classique	Классический
Corps	Тело
Culture	Культура
Culturel	Культурный
Expressif	Выразительный
Émotion	Эмоция
Grâce	Грация
Joyeux	Радостный
Mouvement	Движение
Musique	Музыка
Partenaire	Партнер
Posture	Поза
Répétition	Репетиция
Rythme	Ритм
Traditionnel	Традиционный
Visuel	Визуальный

Dinosaures
Динозавры

Ailes	Крылья
Disparition	Исчезновение
Espèce	Вид
Énorme	Огромный
Évolution	Эволюция
Fossiles	Ископаемые
Grand	Большой
Herbivore	Травоядное
Mammouth	Мамонт
Omnivore	Всеядный
Proie	Добыча
Puissant	Мощный
Queue	Хвост
Reptile	Рептилия
Taille	Размер
Terre	Земля
Vicieux	Порочный

Disciplines Scientifiques
Научные Дисциплины

Anatomie	Анатомия
Archéologie	Археология
Astronomie	Астрономия
Biochimie	Биохимия
Biologie	Биология
Botanique	Ботаника
Chimie	Химия
Écologie	Экология
Géologie	Геология
Immunologie	Иммунология
Linguistique	Лингвистика
Mécanique	Механика
Météorologie	Метеорология
Minéralogie	Минералогия
Neurologie	Неврология
Physiologie	Физиология
Psychologie	Психология
Sociologie	Социология
Thermodynamiq ue	Термодинамика
Zoologie	Зоология

Eau
Вода

Canal	Канал
Douche	Душ
Évaporation	Испарение
Fleuve	Река
Gel	Мороз
Geyser	Гейзер
Glace	Лед
Humidité	Влажность
Inondation	Наводнение
Irrigation	Орошение
Lac	Озеро
Mousson	Муссон
Neige	Снег
Océan	Океан
Ouragan	Ураган
Pluie	Дождь
Potable	Питьевой
Vagues	Волны
Vapeur	Пар

Escalade
Альпинизм

Altitude	Высота
Atmosphère	Атмосфера
Blessure	Травма
Bottes	Ботинки
Carte	Карта
Casque	Шлем
Curiosité	Любопытство
Défis	Проблемы
Expert	Эксперт
Étroit	Узкий
Force	Сила
Formation	Обучение
Gants	Перчатки
Grotte	Пещера
Physique	Физический
Randonnée	Пеший Туризм
Stabilité	Стабильность

Échecs
Шахматы

Adversaire	Оппонент
Blanc	Белый
Champion	Чемпион
Concours	Конкурс
Défis	Проблемы
Diagonal	Диагональ
Intelligent	Умный
Jeu	Игра
Joueur	Игрок
Noir	Черный
Passif	Пассивный
Points	Точки
Reine	Королева
Règles	Правила
Roi	Король
Sacrifice	Жертва
Stratégie	Стратегия
Temps	Время
Tournoi	Турнир

École #1
Школа #1

Alphabet	Алфавит
Amis	Друзья
Amusement	Веселье
Bibliothèque	Библиотека
Bureau	Стол
Chaise	Стул
Crayon	Карандаш
Des Stylos	Ручки
Déjeuner	Обед
Dossiers	Папки
Enseignant	Учитель
Examens	Экзамены
Livres	Книги
Marqueurs	Маркеры
Math	Математика
Nombres	Числа
Papier	Бумага
Quiz	Викторина
Réponses	Ответы

École #2
Школа #2

Apprentissage	Обучение
Bibliothèque	Библиотека
Bus	Автобус
Calendrier	Календарь
Chaussures	Обувь
Ciseaux	Ножницы
Crayon	Карандаш
Dictionnaire	Словарь
Enseignant	Учитель
Écriture	Пишу
Éducation	Образование
Grammaire	Грамматика
Jeux	Игры
Lecture	Чтение
Littérature	Литература
Livres	Книги
Math	Математика
Ordinateur	Компьютер
Papier	Бумага
Science	Наука

Écologie
Экология

Bénévoles	Волонтеры
Climat	Климат
Communautés	Сообщества
Diversité	Разнообразие
Espèce	Вид
Faune	Фауна
Flore	Флора
Global	Глобальный
Marais	Болото
Marin	Морской
Montagnes	Горы
Nature	Природа
Naturel	Естественный
Plantes	Растения
Ressources	Ресурсы
Sécheresse	Засуха
Survie	Выживание

Émotions
Эмоции

Amour	Любовь
Calme	Спокойный
Colère	Гнев
Contenu	Содержание
Détendu	Расслабленный
Embarrassé	Смущенный
Ennui	Скука
Gentillesse	Доброта
Joie	Радость
Paix	Мир
Peur	Страх
Reconnaissant	Благодарный
Relief	Облегчение
Satisfait	Доволен
Surprise	Сюрприз
Sympathie	Симпатия
Tendresse	Нежность
Tranquillité	Спокойствие
Tristesse	Печаль

Épices
Специи

Aigre	Кислый
Ail	Чеснок
Amer	Горький
Anis	Анис
Cannelle	Корица
Cardamome	Кардамон
Coriandre	Кориандр
Cumin	Тмин
Curry	Карри
Fenouil	Фенхель
Fenugrec	Пажитник
Gingembre	Имбирь
Oignon	Лук
Paprika	Паприка
Poivre	Перец
Réglisse	Солодка
Safran	Шафран
Saveur	Вкус
Sel	Соль
Vanille	Ваниль

Été
Лето

Amis	Друзья
Camping	Кемпинг
Étoiles	Звезды
Famille	Семья
Jardin	Сад
Jeux	Игры
Joie	Радость
Livres	Книги
Loisir	Досуг
Mer	Море
Musique	Музыка
Nager	Плавать
Nourriture	Еда
Plage	Пляж
Plongée	Ныряние
Relaxation	Релаксация
Sandales	Сандалии
Vacances	Отпуск

Famille
Семья

Ancêtre	Предок
Enfance	Детство
Enfant	Ребенок
Enfants	Дети
Femme	Жена
Fille	Дочь
Frère	Брат
Grand-Mère	Бабушка
Grand-Père	Дед
Mari	Муж
Maternel	Материнский
Mère	Мать
Neveu	Племянник
Nièce	Племянница
Oncle	Дядя
Paternel	Отцовский
Petit-Fils	Внук
Père	Отец
Soeur	Сестра
Tante	Тетя

Ferme #1
Ферма #1

Abeille	Пчела
Âne	Осел
Bison	Зубр
Champ	Поле
Chat	Кошка
Cheval	Лошадь
Chèvre	Коза
Chien	Собака
Clôture	Забор
Cochon	Свинья
Corbeau	Ворона
Eau	Вода
Engrais	Удобрение
Foin	Сено
Miel	Мед
Poulet	Курица
Riz	Рис
Troupeau	Стадо
Vache	Корова
Veau	Телец

Ferme #2
Ферма #2

Agneau	Ягненок
Agriculteur	Фермер
Animaux	Животные
Berger	Пасти
Blé	Пшеница
Canard	Утка
Fruit	Фрукт
Grange	Амбар
Irrigation	Орошение
Lait	Молоко
Lama	Лама
Légume	Овощ
Maïs	Кукуруза
Mouton	Овца
Nourriture	Еда
Orge	Ячмень
Pré	Луг
Ruche	Улей
Tracteur	Трактор
Verger	Сад

Fleurs
Цветы

Bouquet	Букет
Gardénia	Гардения
Hibiscus	Гибискус
Jasmin	Жасмин
Lavande	Лаванда
Lilas	Сирень
Lys	Лилия
Magnolia	Магнолия
Marguerite	Маргаритка
Orchidée	Орхидея
Pavot	Мак
Pétale	Лепесток
Pissenlit	Одуванчик
Pivoine	Пион
Plumeria	Плюмерия
Rose	Роза
Tournesol	Подсолнух
Trèfle	Клевер
Tulipe	Тюльпан

Forêt Tropicale
Тропический Лес

Amphibiens	Амфибии
Botanique	Ботанический
Climat	Климат
Communauté	Сообщество
Diversité	Разнообразие
Espèce	Вид
Insectes	Насекомые
Jungle	Джунгли
Mammifères	Млекопитающие
Mousse	Мох
Nature	Природа
Nuage	Облака
Oiseaux	Птицы
Précieux	Ценный
Préservation	Сохранение
Refuge	Убежище
Respect	Уважение
Survie	Выживание

Formes
Формы

Arc	Дуга
Bords	Края
Carré	Площадь
Cercle	Круг
Coin	Угол
Courbe	Изгиб
Cône	Конус
Côté	Сторона
Cube	Куб
Cylindre	Цилиндр
Ellipse	Эллипс
Hyperbole	Гипербола
Ligne	Линия
Ovale	Овальный
Polygone	Полигон
Prisme	Призма
Pyramide	Пирамида
Rectangle	Прямоугольник
Sphère	Сфера
Triangle	Треугольник

Fournitures d'Art
Художественные Принадлежности

Acrylique	Акриловый
Aquarelles	Акварели
Argile	Глина
Brosses	Щетки
Caméra	Камера
Chaise	Стул
Charbon	Уголь
Chevalet	Мольберт
Colle	Клей
Couleurs	Цвета
Crayons	Карандаши
Créativité	Креативность
Eau	Вода
Encre	Чернила
Gomme	Ластик
Huile	Масло
Idées	Идеи
Papier	Бумага
Pastels	Пастели
Table	Стол

Fruit
Фрукты

Abricot	Абрикос
Ananas	Ананас
Avocat	Авокадо
Baie	Ягода
Banane	Банан
Cerise	Вишня
Citron	Лимон
Figue	Инжир
Framboise	Малина
Goyave	Гуава
Kiwi	Киви
Mangue	Манго
Melon	Дыня
Nectarine	Нектарин
Orange	Оранжевый
Papaye	Папайя
Pêche	Персик
Poire	Груша
Pomme	Яблоко
Raisin	Виноград

Géographie
География

Altitude	Высота
Atlas	Атлас
Carte	Карта
Continent	Континент
Fleuve	Река
Hémisphère	Полусфера
Île	Остров
Latitude	Широта
Mer	Море
Méridien	Меридиан
Monde	Мир
Montagne	Гора
Nord	Север
Océan	Океан
Ouest	Запад
Pays	Страна
Région	Регион
Sud	Юг
Territoire	Территория
Ville	Город

Géologie
Геология

Acide	Кислота
Calcium	Кальций
Caverne	Пещера
Continent	Континент
Corail	Коралл
Couche	Слой
Cristaux	Кристаллы
Érosion	Эрозия
Fondu	Расплавленный
Fossile	Ископаемое
Geyser	Гейзер
Lave	Лава
Minéraux	Минералы
Pierre	Камень
Plateau	Плато
Quartz	Кварц
Sel	Соль
Stalactite	Сталактит
Volcan	Вулкан
Zone	Зона

Herboristerie
Тимбализм

Ail	Чеснок
Aromatique	Ароматический
Basilic	Базилик
Bénéfique	Выгодный
Culinaire	Кулинарный
Estragon	Эстрагон
Fenouil	Фенхель
Fleur	Цветок
Ingrédient	Ингредиент
Jardin	Сад
Lavande	Лаванда
Marjolaine	Майоран
Menthe	Мята
Persil	Петрушка
Qualité	Качество
Romarin	Розмарин
Safran	Шафран
Saveur	Вкус
Thym	Тимьян
Vert	Зеленый

Insectes
Насекомые

Abeille	Пчела
Cafard	Таракан
Cigale	Цикада
Coccinelle	Божья Коровка
Criquet	Саранча
Fourmi	Муравей
Frelon	Шершень
Guêpe	Оса
Larve	Личинка
Libellule	Стрекоза
Mante	Богомол
Moustique	Комар
Papillon	Бабочка
Puce	Блоха
Puceron	Тля
Sauterelle	Кузнечик
Scarabée	Жук
Termite	Термит
Ver	Червь

Instruments de Musique
Музыкальные Инструменты

Banjo	Банджо
Basson	Фагот
Clarinette	Кларнет
Flûte	Флейта
Gong	Гонг
Guitare	Гитара
Harmonica	Гармоника
Harpe	Арфа
Hautbois	Гобой
Mandoline	Мандолина
Marimba	Маримба
Percussion	Перкуссия
Piano	Пианино
Saxophone	Саксофон
Tambour	Барабан
Tambourin	Бубен
Trombone	Тромбон
Trompette	Труба
Violon	Скрипка
Violoncelle	Виолончель

Jardin
Сад

Arbre	Дерево
Banc	Скамья
Buisson	Куст
Clôture	Забор
Étang	Пруд
Fleur	Цветок
Garage	Гараж
Hamac	Гамак
Herbe	Трава
Jardin	Сад
Mauvaises Herbes	Сорняки
Pelle	Лопата
Pelouse	Лужайка
Porche	Крыльцо
Râteau	Грабли
Sol	Почва
Terrasse	Терраса
Trampoline	Батут
Tuyau	Шланг

Jouets
Игрушки

Argile	Глина
Artisanat	Ремесла
Avion	Самолет
Balle	Мяч
Bateau	Лодка
Camion	Грузовик
Échecs	Шахматы
Favori	Любимый
Imagination	Воображение
Jeux	Игры
Livres	Книги
Peinture	Краски
Poupée	Кукла
Puzzle	Головоломка
Robot	Робот
Tambours	Барабаны
Train	Поезд
Vélo	Велосипед
Voiture	Автомобиль

Jours et Mois
Дни и Месяцы

Août	Август
Avril	Апрель
Calendrier	Календарь
Dimanche	Воскресенье
Février	Февраль
Janvier	Январь
Jeudi	Четверг
Juillet	Июль
Juin	Июнь
Lundi	Понедельник
Mardi	Вторник
Mars	Март
Mercredi	Среда
Mois	Месяц
Novembre	Ноябрь
Octobre	Октябрь
Samedi	Суббота
Semaine	Неделя
Septembre	Сентябрь
Vendredi	Пятница

Les Abeilles
Пчелы

Ailes	Крылья
Bénéfique	Выгодный
Cire	Воск
Diversité	Разнообразие
Essaim	Рой
Écosystème	Экосистема
Fleur	Цветение
Fleurs	Цветы
Fruit	Фрукт
Fumée	Дым
Insecte	Насекомое
Jardin	Сад
Miel	Мед
Nourriture	Еда
Plantes	Растения
Pollen	Пыльца
Pollinisateur	Опылитель
Reine	Королева
Ruche	Улей
Soleil	Солнце

Légumes
Овощи

Ail	Чеснок
Artichaut	Артишок
Aubergine	Баклажан
Brocoli	Брокколи
Carotte	Морковь
Céleri	Сельдерей
Champignon	Гриб
Citrouille	Тыква
Concombre	Огурец
Échalote	Шалот
Épinard	Шпинат
Gingembre	Имбирь
Navet	Репа
Oignon	Лук
Olive	Оливка
Persil	Петрушка
Pois	Горох
Radis	Редис
Salade	Салат
Tomate	Помидор

Littérature
Литература

Analogie	Аналогия
Analyse	Анализ
Anecdote	Анекдот
Auteur	Автор
Biographie	Биография
Comparaison	Сравнение
Conclusion	Заключение
Description	Описание
Dialogue	Диалог
Métaphore	Метафора
Narrateur	Рассказчик
Opinion	Мнение
Poème	Стих
Poétique	Поэтика
Rime	Рифма
Roman	Роман
Rythme	Ритм
Style	Стиль
Thème	Тема
Tragédie	Трагедия

Livres
Книги

Auteur	Автор
Aventure	Приключение
Collection	Коллекция
Contexte	Контекст
Écrit	Написано
Épique	Эпический
Histoire	История
Historique	Исторический
Immersion	Погружение
Lecteur	Читатель
Littéraire	Литературный
Mots	Слова
Narrateur	Рассказчик
Page	Страница
Pertinent	Уместный
Poème	Стих
Poésie	Поэзия
Roman	Роман
Série	Серии
Tragique	Трагический

Maison
Дом

Balai	Метла
Bibliothèque	Библиотека
Chambre	Комната
Cheminée	Камин
Clés	Ключи
Clôture	Забор
Cuisine	Кухня
Douche	Душ
Fenêtre	Окно
Garage	Гараж
Grenier	Чердак
Jardin	Сад
Lampe	Лампа
Miroir	Зеркало
Mur	Стена
Plafond	Потолок
Porte	Дверь
Rideaux	Шторы
Tapis	Коврик
Toit	Крыша

Mammifères
Млекопитающие

Baleine	Кит
Chat	Кошка
Cheval	Лошадь
Chien	Собака
Coyote	Койот
Dauphin	Дельфин
Éléphant	Слон
Girafe	Жираф
Gorille	Горилла
Kangourou	Кенгуру
Lapin	Кролик
Lion	Лев
Loup	Волк
Mouton	Овца
Ours	Медведь
Renard	Лиса
Singe	Обезьяна
Taureau	Бык
Tigre	Тигр
Zèbre	Зебра

Mathématiques
Математика

Angles	Углы
Arithmétique	Арифметика
Carré	Площадь
Décimal	Десятичный
Diamètre	Диаметр
Exposant	Экспонент
Équation	Уравнение
Fraction	Фракция
Géométrie	Геометрия
Parallèle	Параллель
Perpendiculaire	Перпендикуляр
Périmètre	Периметр
Polygone	Полигон
Rayon	Радиус
Rectangle	Прямоугольник
Somme	Сумма
Sphère	Сфера
Symétrie	Симметрия
Triangle	Треугольник
Volume	Объем

Mesures
Измерения

Centimètre	Сантиметр
Degré	Степень
Décimal	Десятичный
Gramme	Грамм
Hauteur	Высота
Kilogramme	Килограмм
Kilomètre	Километр
Largeur	Ширина
Litre	Литр
Longueur	Длина
Masse	Масса
Mètre	Метр
Minute	Минута
Octet	Байт
Once	Унция
Poids	Вес
Pouce	Дюйм
Profondeur	Глубина
Tonne	Тонна
Volume	Объем

Meubles
Мебель

Banc	Скамья
Bureau	Стол
Canapé	Диван
Chaise	Стул
Coussins	Подушки
Étagères	Полки
Fauteuil	Кресло
Futon	Футон
Hamac	Гамак
Lampe	Лампа
Lit	Кровать
Matelas	Матрас
Miroir	Зеркало
Oreiller	Подушка
Rideaux	Шторы
Tapis	Коврик

Méditation
Медитация

Acceptation	Принятие
Attention	Внимание
Calme	Спокойный
Clarté	Ясность
Compassion	Сострадание
Émotions	Эмоции
Éveillé	Бодрствующий
Gentillesse	Доброта
Gratitude	Благодарность
Habitudes	Привычки
Mental	Умственный
Mouvement	Движение
Musique	Музыка
Nature	Природа
Observation	Наблюдение
Paix	Мир
Perspective	Перспектива
Posture	Поза
Respiration	Дыхание
Silence	Тишина

Météo
Погода

Arc-En-Ciel	Радуга
Atmosphère	Атмосфера
Brise	Бриз
Brouillard	Туман
Calme	Спокойный
Ciel	Небо
Climat	Климат
Glace	Лед
Mousson	Муссон
Nuage	Облако
Ouragan	Ураган
Polaire	Полярный
Sec	Сухой
Sécheresse	Засуха
Température	Температура
Tempête	Буря
Tonnerre	Гром
Tornade	Торнадо
Tropical	Тропический
Vent	Ветер

Mythologie
Мифология

Archétype	Архетип
Catastrophe	Катастрофа
Comportement	Поведение
Création	Создание
Créature	Существо
Croyances	Убеждения
Culture	Культура
Éclair	Молния
Force	Сила
Guerrier	Воин
Héros	Герой
Immortalité	Бессмертие
Jalousie	Ревность
Labyrinthe	Лабиринт
Légende	Легенда
Magique	Волшебный
Monstre	Монстр
Mortel	Смертный
Tonnerre	Гром
Vengeance	Месть

Nature
Природа

Abeilles	Пчелы
Abri	Укрытие
Animaux	Животные
Arctique	Арктический
Beauté	Красота
Brouillard	Туман
Désert	Пустыня
Dynamique	Динамический
Érosion	Эрозия
Feuillage	Листва
Fleuve	Река
Forêt	Лес
Glacier	Ледник
Montagnes	Горы
Nuage	Облака
Paisible	Мирный
Sanctuaire	Святилище
Sauvage	Дикий
Serein	Безмятежный
Tropical	Тропический

Nombres
Цифры

Cinq	Пять
Deux	Два
Décimal	Десятичный
Dix	Десять
Dix-Huit	Восемнадцать
Dix-Neuf	Девятнадцать
Dix-Sept	Семнадцать
Douze	Двенадцать
Huit	Восемь
Neuf	Девять
Quatorze	Четырнадцать
Quatre	Четыре
Quinze	Пятнадцать
Seize	Шестнадцать
Sept	Семь
Six	Шесть
Treize	Тринадцать
Trois	Три
Vingt	Двадцать
Zéro	Нуль

Nourriture #1
Еда #1

Ail	Чеснок
Basilic	Базилик
Café	Кофе
Cannelle	Корица
Carotte	Морковь
Citron	Лимон
Épinard	Шпинат
Fraise	Клубника
Jus	Сок
Lait	Молоко
Navet	Репа
Oignon	Лук
Orge	Ячмень
Poire	Груша
Salade	Салат
Sel	Соль
Soupe	Суп
Sucre	Сахар
Thon	Тунец
Viande	Мясо

Nourriture #2
Еда #2

Amande	Миндаль
Aubergine	Баклажан
Banane	Банан
Blé	Пшеница
Brocoli	Брокколи
Cerise	Вишня
Céleri	Сельдерей
Champignon	Гриб
Chocolat	Шоколад
Jambon	Ветчина
Kiwi	Киви
Mangue	Манго
Oeuf	Яйцо
Pain	Хлеб
Poisson	Рыба
Pomme	Яблоко
Poulet	Курица
Raisin	Виноград
Riz	Рис
Tomate	Помидор

Nutrition
Питание

Amer	Горький
Appétit	Аппетит
Calories	Калории
Comestible	Съедобный
Diète	Диета
Digestion	Пищеварение
Épices	Специи
Fermentation	Ферментация
Glucides	Углеводы
Ingrédients	Ингредиенты
Liquides	Жидкости
Poids	Вес
Protéines	Белки
Qualité	Качество
Sain	Здоровый
Santé	Здоровье
Sauce	Соус
Saveur	Вкус
Toxine	Токсин
Vitamine	Витамин

Océan
Океан

Anguille	Угорь
Baleine	Кит
Bateau	Лодка
Corail	Коралл
Crabe	Краб
Crevette	Креветка
Dauphin	Дельфин
Éponge	Губка
Huître	Устрица
Marées	Приливы
Méduse	Медуза
Poisson	Рыба
Poulpe	Осьминог
Requin	Акула
Récif	Риф
Sel	Соль
Tempête	Буря
Thon	Тунец
Tortue	Черепаха
Vagues	Волны

Oiseaux
Птицы

Aigle	Орел
Autruche	Страус
Canard	Утка
Cigogne	Аист
Colombe	Голубь
Corbeau	Ворона
Coucou	Кукушка
Cygne	Лебедь
Flamant	Фламинго
Héron	Цапля
Manchot	Пингвин
Moineau	Воробей
Mouette	Чайка
Oeuf	Яйцо
Oie	Гусь
Paon	Павлин
Perroquet	Попугай
Pélican	Пеликан
Poulet	Курица
Toucan	Тукан

Pays #2
Страны #2

Albanie	Албания
Chine	Китай
Danemark	Дания
France	Франция
Haïti	Гаити
Indonésie	Индонезия
Irlande	Ирландия
Jamaïque	Ямайка
Japon	Япония
Kenya	Кения
Laos	Лаос
Liban	Ливан
Mexique	Мексика
Ouganda	Уганда
Pakistan	Пакистан
Russie	Россия
Somalie	Сомали
Soudan	Судан
Syrie	Сирия
Ukraine	Украина

Paysages
Пейзажи

Cascade	Водопад
Colline	Холм
Désert	Пустыня
Fleuve	Река
Geyser	Гейзер
Glacier	Ледник
Grotte	Пещера
Iceberg	Айсберг
Île	Остров
Lac	Озеро
Marais	Болото
Mer	Море
Montagne	Гора
Oasis	Оазис
Océan	Океан
Péninsule	Полуостров
Plage	Пляж
Toundra	Тундра
Vallée	Долина
Volcan	Вулкан

Pêche
Рыбалка

Appât	Приманка
Bateau	Лодка
Branchies	Жабры
Crochet	Крюк
Cuire	Повар
Eau	Вода
Exagération	Преувеличение
Équipement	Оборудование
Fil	Провод
Fleuve	Река
Lac	Озеро
Mâchoire	Челюсть
Océan	Океан
Panier	Корзина
Patience	Терпение
Plage	Пляж
Poids	Вес
Saison	Сезон

Pirates
Пираты

Ancre	Якорь
Aventure	Приключение
Capitaine	Капитан
Carte	Карта
Cicatrice	Шрам
Danger	Опасность
Drapeau	Флаг
Épée	Меч
Équipage	Экипаж
Grotte	Пещера
Île	Остров
Légende	Легенда
Mauvais	Плохой
Océan	Океан
Or	Золото
Perroquet	Попугай
Pièces	Монеты
Plage	Пляж
Rhum	Ром
Trésor	Сокровище

Plage
Пляж

Bateau	Лодка
Bleu	Синий
Côte	Побережье
Crabe	Краб
Dock	Док
Île	Остров
Lagune	Лагуна
Mer	Море
Nager	Плавать
Océan	Океан
Parapluie	Зонтик
Récif	Риф
Sable	Песок
Sandales	Сандалии
Serviette	Полотенце
Soleil	Солнце
Vacances	Отпуск

Plantes
Растения

Arbre	Дерево
Baie	Ягода
Bambou	Бамбук
Botanique	Ботаника
Buisson	Куст
Cactus	Кактус
Engrais	Удобрение
Feuillage	Листва
Fleur	Цветок
Flore	Флора
Forêt	Лес
Grandir	Расти
Haricot	Боб
Herbe	Трава
Jardin	Сад
Lierre	Плющ
Mousse	Мох
Pétale	Лепесток
Racine	Корень
Tige	Стебель

Professions #1
Профессии #1

Ambassadeur	Посол
Astronome	Астроном
Avocat	Адвокат
Banquier	Банкир
Bijoutier	Ювелир
Cartographe	Картограф
Chasseur	Охотник
Danseur	Танцор
Entraîneur	Тренер
Éditeur	Редактор
Géologue	Геолог
Infirmière	Медсестра
Médecin	Врач
Musicien	Музыкант
Pianiste	Пианист
Plombier	Водопроводчик
Pompier	Пожарный
Psychologue	Психолог
Scientifique	Ученый
Vétérinaire	Ветеринар

Professions #2
Профессии #2

Astronaute	Астронавт
Bibliothécaire	Библиотекарь
Biologiste	Биолог
Chercheur	Исследователь
Chirurgien	Хирург
Dentiste	Стоматолог
Détective	Детектив
Enseignant	Учитель
Illustrateur	Иллюстратор
Ingénieur	Инженер
Inventeur	Изобретатель
Jardinier	Садовник
Journaliste	Журналист
Linguiste	Лингвист
Médecin	Врач
Peintre	Художник
Philosophe	Философ
Photographe	Фотограф
Pilote	Пилот
Zoologiste	Зоолог

Randonnée
Пеший Туризм

Animaux	Животные
Bottes	Ботинки
Camping	Кемпинг
Carte	Карта
Climat	Климат
Dangers	Опасности
Eau	Вода
Falaise	Утес
Fatigué	Усталый
Lourd	Тяжелый
Météo	Погода
Montagne	Гора
Nature	Природа
Orientation	Ориентация
Parcs	Парки
Pierres	Камни
Préparation	Подготовка
Sauvage	Дикий
Soleil	Солнце
Sommet	Саммит

Remplir
Заполнить

Baril	Бочка
Bassin	Бассейн
Boîte	Коробка
Bouteille	Бутылка
Carton	Картон
Dossier	Папка
Enveloppe	Конверт
Navire	Судно
Panier	Корзина
Paquet	Пакет
Plateau	Лоток
Poche	Карман
Pot	Банка
Sac	Сумка
Seau	Ведро
Tube	Трубка
Valise	Чемодан
Vase	Ваза

Restaurant #1
Ресторан #1

Allergie	Аллергия
Bol	Чаша
Café	Кофе
Caissier	Кассир
Couteau	Нож
Cuisine	Кухня
Dessert	Десерт
Épicé	Пряный
Ingrédients	Ингредиенты
Menu	Меню
Nourriture	Еда
Pain	Хлеб
Poulet	Курица
Réservation	Бронирование
Sauce	Соус
Serveuse	Официантка
Serviette	Салфетка
Viande	Мясо

Restaurant #2
Ресторан #2

Apéritif	Закуска
Boisson	Напиток
Chaise	Стул
Cuillère	Ложка
Déjeuner	Обед
Délicieux	Вкусный
Eau	Вода
Épices	Специи
Fourchette	Вилка
Fruit	Фрукт
Gâteau	Торт
Glace	Лед
Légumes	Овощи
Nouilles	Лапша
Oeuf	Яйца
Poisson	Рыба
Salade	Салат
Sel	Соль
Serveur	Официант
Soupe	Суп

Salle de Bains
Ванная

Bain	Ванна
Bulles	Пузыри
Ciseaux	Ножницы
Douche	Душ
Eau	Вода
Éponge	Губка
Lotion	Лосьон
Miroir	Зеркало
Parfum	Духи
Robinet	Кран
Savon	Мыло
Serviette	Полотенце
Shampooing	Шампунь
Tapis	Коврик
Toilette	Туалет
Vapeur	Пар

Science
Наука

Atome	Атом
Chimique	Химические
Climat	Климат
Données	Данные
Expérience	Эксперимент
Évolution	Эволюция
Fait	Факт
Fossile	Ископаемое
Gravité	Гравитация
Hypothèse	Гипотеза
Laboratoire	Лаборатория
Méthode	Метод
Minéraux	Минералы
Molécules	Молекулы
Nature	Природа
Observation	Наблюдение
Organisme	Организм
Particules	Частицы
Physique	Физика
Scientifique	Ученый

Science-Fiction
Научная Фантастика

Atomique	Атомный
Cinéma	Кино
Clones	Клоны
Dystopie	Антиутопия
Explosion	Взрыв
Extrême	Экстремальный
Feu	Огонь
Galaxie	Галактика
Illusion	Иллюзия
Imaginaire	Воображаемый
Livres	Книги
Monde	Мир
Mystérieux	Таинственный
Oracle	Оракул
Planète	Планета
Réaliste	Реалистичный
Robots	Роботы
Scénario	Сценарий
Technologie	Технология
Utopie	Утопия

Sports
Виды Спорта

Arbitre	Судья
Athlète	Спортсмен
Base-Ball	Бейсбол
Basket-Ball	Баскетбол
Championnat	Чемпионат
Entraîneur	Тренер
Équipe	Команда
Gagnant	Победитель
Golf	Гольф
Gymnase	Гимназия
Gymnastique	Гимнастика
Hockey	Хоккей
Jeu	Игра
Joueur	Игрок
Mouvement	Движение
Nager	Плавать
Stade	Стадион
Tennis	Теннис
Vélo	Велосипед

Surf
Серфинг

Amusement	Веселье
Athlète	Спортсмен
Champion	Чемпион
Débutant	Начинающий
Estomac	Желудок
Extrême	Экстремальный
Force	Сила
Foules	Толпы
Météo	Погода
Mousse	Пена
Nager	Плавать
Océan	Океан
Pagaie	Весло
Plage	Пляж
Populaire	Популярный
Récif	Риф
Style	Стиль
Vague	Волна
Vitesse	Скорость

Technologie
Технология

Blog	Блог
Caméra	Камера
Curseur	Курсор
Données	Данные
Écran	Экран
Fichier	Файл
Internet	Интернет
Message	Сообщение
Navigateur	Браузера
Numérique	Цифровой
Octets	Байтов
Ordinateur	Компьютер
Police	Шрифт
Recherche	Исследование
Sécurité	Безопасность
Statistiques	Статистика
Virtuel	Виртуальный
Virus	Вирус

Temps
Время

Année	Год
Annuel	Ежегодный
Après	После
Avant	До
Bientôt	Скоро
Calendrier	Календарь
Décennie	Десятилетие
Futur	Будущее
Heure	Час
Hier	Вчера
Horloge	Часы
Jour	День
Maintenant	Сейчас
Matin	Утро
Midi	Полдень
Minute	Минута
Mois	Месяц
Nuit	Ночь
Semaine	Неделя
Siècle	Век

Types de Cheveux
Типы Волос

Argent	Серебро
Blanc	Белый
Blond	Блондин
Boucles	Кудри
Brillant	Блестящий
Chauve	Лысый
Coloré	Цветной
Court	Короткая
Doux	Мягкий
Épais	Толстый
Frisé	Кудрявый
Gris	Серый
Long	Длинный
Marron	Коричневый
Mince	Тонкий
Noir	Черный
Sain	Здоровый
Sec	Сухой
Tresses	Косы
Tressé	Плетеный

Vacances #2
Отпуск #2

Aéroport	Аэропорт
Camping	Кемпинг
Carte	Карта
Étranger	Иностранный
Hôtel	Отель
Île	Остров
Loisir	Досуг
Mer	Море
Passeport	Паспорт
Photos	Фото
Plage	Пляж
Restaurant	Ресторан
Réservations	Бронирование
Taxi	Такси
Tente	Палатка
Train	Поезд
Transport	Транспорт
Vacances	Праздник
Visa	Виза
Voyage	Путешествие

Vertus #1
Добродетели #1

Bon	Хороший
Confiant	Уверенный
Curieux	Любопытный
Décisif	Решительный
Drôle	Смешной
Efficace	Эффективный
Fiable	Надежный
Généreux	Щедрый
Indépendant	Независимый
Intelligent	Умный
Modeste	Скромный
Passionné	Страстный
Patient	Пациент
Pratique	Практический
Propre	Чистый
Sage	Мудрый
Utile	Полезный

Véhicules
Транспортные Средства

Avion	Самолет
Bateau	Лодка
Bus	Автобус
Camion	Грузовик
Caravane	Караван
Ferry	Паром
Fusée	Ракета
Hélicoptère	Вертолет
Métro	Метро
Moteur	Мотор
Navette	Челнок
Pneus	Шины
Radeau	Плот
Scooter	Скутер
Taxi	Такси
Tracteur	Трактор
Train	Поезд
Van	Фургон
Vélo	Велосипед
Voiture	Автомобиль

Vêtements
Одежда

Bracelet	Браслет
Ceinture	Пояс
Chapeau	Шляпа
Chaussure	Обувь
Chemise	Рубашка
Chemisier	Блуза
Collier	Ожерелье
Foulard	Шарф
Gants	Перчатки
Jeans	Джинсы
Jupe	Юбка
Manteau	Пальто
Mode	Мода
Pantalon	Брюки
Pull	Свитер
Pyjama	Пижама
Robe	Платье
Sandales	Сандалии
Tablier	Фартук
Veste	Куртка

Ville
Город

Aéroport	Аэропорт
Banque	Банк
Bibliothèque	Библиотека
Boulangerie	Пекарня
Cinéma	Кино
Clinique	Клиника
École	Школа
Fleuriste	Флорист
Galerie	Галерея
Hôtel	Отель
Marché	Рынок
Musée	Музей
Pharmacie	Аптека
Restaurant	Ресторан
Salon	Салон
Stade	Стадион
Supermarché	Супермаркет
Théâtre	Театр
Université	Университет
Zoo	Зоопарк

Félicitations

Vous avez réussi !

Nous espérons que vous avez apprécié ce livre autant que nous avons pris plaisir à le concevoir. Nous faisons de notre mieux pour créer des livres de la meilleure qualité possible.
Cette édition est conçue pour permettre un apprentissage intelligent et de qualité en se divertissant !

Vous avez aimé ce livre ?

Une Simple Demande

Nos livres existent grâce aux avis que vous publiez. Pourriez-vous nous aider en laissant un avis maintenant ?

Voici un lien rapide qui vous mènera à votre
page d'évaluation de vos commandes :

BestBooksActivity.com/Avis50

CHALLENGE FINAL !

Défi n°1

Êtes-vous prêt pour votre jeu bonus ? Nous les utilisons tout le temps mais ils ne sont pas si faciles à trouver. Voici les **Synonymes** !

Notez 5 mots que vous avez trouvés dans les puzzles notés ci-dessous (n°21, n°36, n°76) et essayez de trouver 2 synonymes pour chaque mot.

Notez 5 Mots du **Puzzle 21**

Mots	Synonyme 1	Synonyme 2

Notez 5 Mots du **Puzzle 36**

Mots	Synonyme 1	Synonyme 2

Notez 5 Mots du **Puzzle 76**

Mots	Synonyme 1	Synonyme 2

Défi n°2

Maintenant que vous vous êtes échauffé, notez 5 mots que vous avez découverts dans les Puzzles n° 9, n° 17, n° 25 et essayez de trouver 2 antonymes pour chaque mot. Combien pouvez-vous en trouver en 20 minutes ?

Notez 5 Mots du **Puzzle 9**

Mots	Antonyme 1	Antonyme 2

Notez 5 Mots du **Puzzle 17**

Mots	Antonyme 1	Antonyme 2

Notez 5 Mots du **Puzzle 25**

Mots	Antonyme 1	Antonyme 2

Défi n°3

Formidable ! Ce défi final n'est rien pour vous.

Prêt pour le dernier défi ? Choisissez 10 mots que vous avez découverts parmi les différents puzzles et notez-les ci-dessous.

1.	6.
2.	7.
3.	8.
4.	9.
5.	10.

Maintenant, composez un texte en pensant à une personne, un animal ou un lieu que vous aimez !

Astuce: Vous pouvez utiliser la dernière page de ce livre comme brouillon !

Votre Composition :

CARNET DE NOTES :

À TRÈS BIENTÔT !

Toute l'équipe

DECOUVREZ DES JEUX GRATUITS

GO

BESTACTIVITYBOOKS.COM/FREEGAMES